AF439005

RAPPORT

PRÉSENTÉ

À MONSIEUR LE MINISTRE DE L'INSTRUCTION PUBLIQUE

ET DES BEAUX-ARTS

AU NOM DE LA COMMISSION

DES

GRANDES AUDITIONS MUSICALES

DE L'EXPOSITION UNIVERSELLE

DE 1900

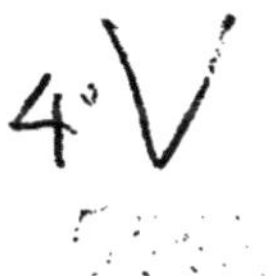

MINISTÈRE DE L'INSTRUCTION PUBLIQUE

ET DES BEAUX-ARTS

EXPOSITION UNIVERSELLE INTERNATIONALE DE 1900

RAPPORT

PRÉSENTÉ

À MONSIEUR LE MINISTRE DE L'INSTRUCTION PUBLIQUE

ET DES BEAUX-ARTS

AU NOM DE LA COMMISSION

DES

GRANDES AUDITIONS MUSICALES

DE L'EXPOSITION UNIVERSELLE

DE 1900

PARIS

IMPRIMERIE NATIONALE

MDCCCC

RAPPORT

PRÉSENTÉ

À MONSIEUR LE MINISTRE DE L'INSTRUCTION PUBLIQUE

ET DES BEAUX-ARTS

AU NOM DE LA COMMISSION

DES

GRANDES AUDITIONS MUSICALES

DE L'EXPOSITION UNIVERSELLE

DE 1900.

—————⟶◈⟵—————

MONSIEUR LE MINISTRE,

En nous faisant le grand honneur de nous choisir pour organiser, pendant les fêtes si admirables et si émouvantes qui viennent de s'achever, l'Exposition de la musique française depuis ses origines jusqu'à nos jours, vous nous avez confié la tâche la plus noble et en même temps la plus difficile.

Cette tâche n'avait encore été assumée, dans de semblables circonstances, par personne, et vous êtes le premier qui ayez songé à mettre officiellement notre art sur un pied d'égalité avec les autres; à montrer aux foules, souvent moins indifférentes, moins hostiles à la beauté qu'on ne veut bien le dire, la route parcourue d'âge en âge par cet art, dont ceux qui forment la Commission au nom de laquelle je vous présente ce rapport ne m'ont chargé de vous parler, si humbles que fussent mes titres à cet égard — et cela m'a touché profondément, — que parce qu'ils savaient de quel amour passionné je le sers. Je crois être l'interprète de l'unanimité de mes collègues en vous remerciant chaleureusement et respectueusement de l'initiative hardie que vous avez prise.

Avant de vous rendre compte de nos travaux, avant d'établir, en une rapide étude des hommes et des choses, l'espèce de livre d'or de nos producteurs, sorte de catalogue aussi de nos richesses, je vous demanderai la permission, Monsieur le Ministre, de vous rappeler brièvement ce que l'on a fait pour la musique à l'occasion des quatre grandes Expositions universelles qui ont précédé celle-ci. Ce sera, je vous assure, tout à votre louange.

En 1855, rien. C'était la négation même de notre existence. Ce ne fut qu'en 1867 que, pour la première fois, on réserva une place aux compositeurs. Sans la maîtrise de l'un d'eux, qui se révéla et prêta aussitôt à cette place une importance insoupçonnée, elle eût été absolument et tristement insignifiante. Une cantate et un hymne furent mis au concours. L'hymne n'inspira personne, mais la cantate jeta la pleine lumière sur un jeune homme, alors très discuté et qui n'attendait que ce moment-là pour s'élancer vers la gloire où il est entré depuis longtemps en vainqueur. J'ai nommé notre illustre président, M. Camille Saint-Saëns. C'est le jour où l'on joua triomphalement *Les Noces de Prométhée* — tel était le titre de cette cantate — que Rossini fit tonner son fameux canon et prononça le mot historique : « Excusez du peu ! », ce qui valut à Hector Berlioz, dont un morceau modestement dépourvu d'artillerie et de commentaire voisinait avec l'extraordinaire symphonie pyrotechnique, l'ovation la plus spontanée, la plus belle et la plus vengeresse. En dépit de tout, notre art réclamait son droit de cité. On projeta, en outre, de donner des concerts dans lesquels devaient être exécutés des fragments de certaines œuvres françaises et étrangères appartenant à la période du XVᵉ au XVIIIᵉ siècle. Faute d'argent (une excuse dont sont souvent victimes les musiciens), on supprima purement et simplement ces concerts du programme où ils étaient inscrits.

En 1878, la Commission des Grandes Auditions se proposa de « résumer et de caractériser, dans dix festivals, le mouvement de notre école depuis 1830 ». L'entreprise, bien que timide, marquait déjà un progrès véritable, en ce sens, notamment, qu'elle ne fut pas abandonnée. L'orchestre officiel était conduit par M. Édouard Colonne. Des séances de musique de chambre, de musique d'orgue, de musique étrangère ont aussi été données. assez nombreuses.

En 1889, le règlement général prévoyait, en ce qui regarde la composition, deux concours, l'un pour une cantate avec soli, chœurs et instruments, destinée à la cérémonie de la distribution des récompenses, l'autre pour une marche militaire, et, en ce qui touche à l'exécution, des auditions d'orchestres de nationalités différentes. Cinq compagnies françaises se firent entendre une seule fois chacune. ce qui, évidemment, n'était pas suffisant : la Société des concerts du Conservatoire, dirigée par Garcin; l'orchestre de l'Opéra, ayant à sa tête M. Vianési; celui de l'Opéra-Comique. conduit par M. Danbé; celui de Charles Lamoureux, et enfin celui de M. Colonne. Il y eut aussi, comme précédemment, des séances de musique de chambre, de musique d'orgue et, en outre, des concerts de musique pittoresque dont le vif succès me reste très présent à la mémoire.

Voilà pour le passé, Monsieur le Ministre. Cette année, vous avez voulu que l'art français fût exposé sous toutes ses formes, dans toutes ses manifestations: que les millions d'êtres pensants accourus des quatre coins du monde civilisé admirassent le prodigieux effort accompli chez nous par les maîtres, anciens ou récents, les ouvriers, jeunes ou vieux, de l'intelligence, et vous avez décidé que la musique serait représentée au même titre que la peinture ou la sculpture en ce magnifique groupement de nos trésors. J'insiste aussi bien sur la noblesse d'un tel projet que sur la difficulté de sa réalisation.

Ah! Monsieur le Ministre, si nous avions pu faire au Trocadéro ce que l'on a fait dans ce Palais des Beaux-Arts, où j'ai passé tant d'heures inoubliables, où j'ai éprouvé certainement une des plus salutaires émotions de ma vie! Si nous avions pu, par le rapprochement des œuvres, par le voisinage des noms, reconstituer des familles entières de musiciens, montrer la paternité, la fraternité de l'inspiration, établir en quelque sorte l'arbre généalogique de chacun de nos grands compositeurs, indiquer ainsi la naissance, le développement, l'évolution des différentes écoles; si nous avions pu, dans notre ardent amour de la justice, replacer devant l'opinion les hommes trop vite dédaignés, contribuer ainsi à la cassation des mauvais arrêts; si nous avions pu, en un mot, éclairer la route de l'avenir par cette lumière jaillie du passé, quel superbe, touchant et haut enseignement! Par malheur, on n'exécute pas en une salle de concerts des centaines et des centaines de morceaux comme on accroche aux murs d'une maison des centaines et des centaines de tableaux, comme on dispose dans un jardin des centaines et des centaines de statues. L'œil, d'un coup, embrasse un nombre indéterminé de toiles et de marbres et favorise le jugement d'ensemble. L'oreille, qui perçoit les sons autrement, limite la faculté d'audition. Eussions-nous réuni tous les jours un orchestre, des chœurs et des solistes, que nous ne serions pas arrivés à donner une idée précise du mouvement général de la musique française à nos visiteurs, ces visiteurs fussent-ils restés les mêmes durant les six mois qui viennent de s'écouler. Vous aviez d'ailleurs réduit à dix le nombre de nos grandes séances. Nous avons donc choisi, dans une période de près de quatre siècles, soixante ouvrages ou fragments d'ouvrages. Les noms des auteurs morts de ces ouvrages marquent, à notre sens, les principales étapes de la marche en avant à laquelle prennent part, eux aussi, les musiciens vivants qui ont été joués. Il m'appartient, je crois, Monsieur le Ministre, de vous dire la signification que nous attachons à de tels noms.

Ces noms, nous avons dû renoncer à les placer sur nos programmes dans leur ordre chronologique. On a craint que certains concerts, entièrement consacrés à des compositeurs d'une époque reculée, ne fussent rendus monotones par, entre autres choses, la primitivité instrumentale des œuvres réunies de la sorte. Ces noms, nous les avons donc mélangés de façon à donner à chacun de nos festivals un franc caractère de diversité, à permettre à n'importe quel auditeur de passage ou de hasard d'y trouver un agrément particulier et momentané. Mais, pour atteindre le but que je me propose, il faut que j'adopte la règle normale du temps. Nous suivrons ainsi, comme vous l'avez voulu, la musique française en tous ses développements, depuis ses origines jusqu'à nos jours.

Si nous avions pu remonter aussi haut dans le passé que nous l'eussions désiré, après avoir négligé forcément les plains-chants, les trop vagues partitions des mystères, des fêtes sacrées ou profanes, nous aurions nécessairement tiré de l'ombre des bibliothèques un morceau de cet étonnant Adam de la Halle, que l'on doit considérer comme le véritable fondateur de notre école.

Ce bien extraordinaire artiste qui, dès la seconde moitié du XIIIᵉ siècle, a fixé, avec *Le Jeu de Robin et de Marion,* la forme du genre que l'on a appelé « l'éminemment français », ce très curieux précurseur, aussi, de certains maîtres d'à présent n'a pas seulement créé l'opéra-comique. Il a déterminé le point de départ d'une musique essentiellement nationale qui, en traversant les ans, n'a jamais cessé d'évoluer et qui, précisément parce qu'elle évoluait, parce qu'elle se renouvelait, se fortifiait, se rajeunissait, n'a jamais rien perdu de ses qualités primordiales. Et j'ose croire, Monsieur le Ministre, que jamais elle ne s'immobilisera dans l'inutile recommencement, que loin d'aller vers la mort où l'inaction la conduirait, elle se dirigera chaque jour plus sûrement, plus librement, plus glorieusement vers la vie.

La vie ! c'est de là qu'elle est sortie. Adam de la Halle était trouvère, trouvère harmoniste et mélodiste, poète et compositeur et il reste, à nos yeux, le trouvère-type, de mœurs vagabondes, d'esprit indépendant, brave et aventureux. Toute sa personne vibrante, palpitante, tout son cœur heureux ou malheureux, toute son existence hasardeuse sont en son œuvre, comme une confession d'humanité faite à l'humanité. A peine estil en âge de vivre qu'il raconte ainsi sa vie. Chaque amour nouveau devient une chanson nouvelle : amours passagères fixées dans la mémoire des hommes par des chansons immortelles. Il se marie avec une jeune fille qu'il adore et à qui il croit pouvoir demeurer longtemps fidèle : il s'en sépare presque aussitôt et, dans un magnifique poème de passion et de douleur, il dit, de la façon la plus cruellement réaliste et poignante, comment il fut séduit par les attraits de sa femme et comment il en fut rassasié. On le chasse d'Arras, sa ville natale, qu'il apostrophe alors en des vers de virulence prodigieuse. Il voyage pour aimer, pour vivre encore, pour chanter toujours et ce n'est qu'au seuil de la vieillesse qu'il se repent, un peu à la manière de Verlaine, qu'il écrit délicieusement :

> Adieu, amours, très douche vie,
> Le plus joieuse et le plus lie
> Qui puisse être fors paradis !

et compose des motets en l'honneur de la Vierge Marie, ne cessant, vous le voyez, de glorifier la femme et demandant ainsi son pardon.

Voilà donc un musicien qui s'est mis tout entier en son œuvre, qui s'est montré tel qu'il était, avec ses beautés et ses laideurs, sa force et sa faiblesse, qui a obéi à la loi éternelle de vérité et de nature. Le premier, il ose écrire des pièces dont les sujets ne sont pas pris dans l'histoire religieuse et ces sujets il les tire des événements de chaque jour. Il veut l'union absolue de la mélodie et du texte et il l'obtient en s'inspirant des airs populaires. Certaines de ses musiques sont maniérées, contournées, difficiles, parce que soumises aux règles de convention, à la tonalité officielle fixée par saint Grégoire. Peu à peu, il s'affranchit de ces règles, écoute les libres voix et produit en pleine indépendance d'esprit et d'âme. Ces voix, ce sont celles de notre pays, de notre sol, et il n'est peut-être pas inutile de faire remarquer que, plus de six cents ans après Adam de la Halle, nos compositeurs sont contraints d'aller puiser aux mêmes sources l'eau de jeunesse. La musique, comme la peinture, est aujourd'hui obligée de retourner au plein air. Elle suit l'admirable mouvement provoqué par Corot, Millet, Manet et tant d'autres, dont l'art profondément symphonique et harmonique n'est que le reflet de la nature, de la vérité, de la vie. Qui de nous n'a été pris, à un moment de son existence, du désir de quitter sa table de travail; qui de nous n'a éprouvé l'impérieux besoin de ravir au soleil un peu de sa flamme et de sa clarté; qui de nous n'est parti alors et qui de nous, au milieu des champs, dans des coins de village, au pied des montagnes, au bord de la mer, n'a écouté, rempli de religieuse émotion, ces voix de notre pays, les voix de la forêt, de l'océan, de la campagne? Du son de ces voix sublimes, Adam de la Halle a fait la musique française qui, vous le voyez, Monsieur le Ministre, est née de la terre même de notre patrie, s'est élevée comme un arbre gigantesque et splendide, arbre frémissant et chantant qu'aucun mauvais bucheron n'abattra jamais.

Il fallait, hélas ! nous borner et nous dûmes, dans notre marche en arrière, ne pas dépasser la période du XVᵉ au XVIᵉ siècle. Parmi les compositeurs de cette période, nous avons choisi Clément Jannequin qui, avec Josquin de Prés et Claude Goudimel, forme une famille illustre entre toutes. Josquin, l'auteur des deux messes de *L'Homme armé*, — en ce temps-là, la musique religieuse s'inspirait directement des mélodies populaires, — Josquin, à la fois spirituel et tendre, broda sur ces thèmes, qui apportaient ironiquement en l'église un écho de la vie du dehors, des arabesques de fantaisie charmante, de grâce extrême, y greffa des rameaux vigoureux, les développa, soit dans la force, soit dans la douceur, de manière très nouvelle, changeant le froid et sec contrepoint en un art d'expression si juste et si sincère que l'on a dit parfois, non sans quelque inexactitude, qu'il était un art d'imitation. — Nul de ceux qui ont tiré leur génie de la nature n'a été un imitateur. — Goudimel, lui, après avoir écrit tant de madrigaux érotiques, pris subitement d'un grand zèle de moralisation, convertit en motets les Psaumes de David que Clément Marot venait de traduire et se fit huguenot. À l'exemple de Calvin qui, bien qu'il détestât les arts, recommandait pourtant dans un but utilitaire « la parole chantée qui porte beaucoup plus fort », il voulait que, grâce à la musique, partout pénétrât la religion réformée. Le chant prenant, emportant les âmes, les gardant, les purifiant, les sauvant ! Et c'est en chantant dans la rue, à Lyon, où il avait appris le massacre de la Saint-Barthélemy, qu'il fut frappé, tué, jeté à la Saône. Mais Jannequin, continuant la tradition établie par Adam de la Halle, emprunta davantage encore à la vie.

Sorti du catholicisme, entré dans le protestantisme plutôt par désir de liberté que par ardeur fanatique, il renonce vite aux messes et aux motets. Et le voilà, courant çà et là, notant avec une gaieté, une malice extraordinaires, une poésie souvent délicieuse tout ce qu'il entend. Au moyen des voix seules, il crée des tableaux de mouvement prodigieux, de coloris éclatant. Un des plus curieux est celui où se heurtent, se combinent, se confondent les cris de Paris sous François Iᵉʳ. (Vous remarquerez, Monsieur le Ministre, que semblable chose a été faite dernièrement, par M. Gustave Charpentier, dans son beau drame lyrique de *Louise*, et cela montre bien la persistance, à travers les âges, de l'idée française.) C'est en observateur, en philosophe, en artiste qu'agit Clément Jannequin et non en simple enregistreur de sons, comme Grétry, par exemple, qui s'appliquait à recueillir, ainsi qu'un phonographe, le « bonjour, monsieur » des visiteurs, classait ces « civilités empressées » par ordre de nationalité et concluait que l'Italien module beaucoup, l'Allemand un peu moins, l'Anglais pas du tout, ou encore comme Molière qui voulait donner à ses interprètes le ton d'une tirade, d'une scène, à l'aide de pareilles notations. Ce tableau musical des cris de Paris est un tableau de mœurs, de mœurs éternelles. La cupidité des vendeurs, le marchandage des acheteurs, la volerie générale, la lutte de l'argent contre l'argent, la férocité universelle hurlent en ces interjections répétées, ces appels réitérés qui sont autant de motifs mélodiques que le compositeur arrange, développe avec une adresse inouïe et, en même temps, une puissance extrême. Jannequin s'inspire de la rue, de la rue grouillante et tumultueuse, comme d'autres demandent à la campagne, à la campagne solitaire et silencieuse, le secret de sa splendeur. Pour lui, tout ce qui vit est magnifique. Les oiseaux, à leur réveil, lui dictent un chœur où le sansonnet, le rossignol, le coucou, la fauvette parlent de la façon la plus amusante et la plus exquise (c'est ce chœur que nous avons exécuté). Il aime le bruit, et la chasse royale dans la forêt de Fontainebleau l'enthousiasme. Il se passionne aussi pour la guerre, et, dans la très célèbre *Bataille de Marignan*, rythme à plein gosier les obscénités de corps de garde, les bons coups donnés et reçus, le choc des combattants, les clameurs de victoire. Et, à côté de cela, ses chansons d'amour sont des merveilles de grâce et de délicatesse. L'une d'elles : *Ce Moys de May*, est une adorable fleur de printemps, de parfum étrange, troublant et fort. Il sent vibrer en lui la nature immense et féconde ; il se croit sans doute un arbre aux mille fruits savoureux et intitule de cette jolie façon un de ses recueils : *Verger de musique contenant partie des plus excellents labeurs de maître Clément Jannequin*. Encore un, Monsieur le Ministre, qui n'ayant eu d'autre pensée que de glorifier la vie, la vie des hommes, des choses, des bêtes, des villes, est glorifié à son tour par la postérité dans sa vie de travailleur et de poëte.

Après de longues hésitations, nous avons décidé qu'une seconde étape serait marquée par Lully et que Gluck, à la suite de Rameau, prendrait place sur nos programmes. Ces hésitations étaient, en somme, assez légitimes, les noms de Lully et de Gluck n'étant point des noms français. La thèse qui a prévalu, thèse que notre collègue M. Bourgault-Ducoudray a soutenue avec toute son ardeur, tout son talent, toute sa conviction, fut celle-ci : Lorsqu'un étranger vient dans un pays faire œuvre créatrice, selon l'esprit même de ce pays, il acquiert, par cela seul, ses lettres de naturalisation. Lully, ayant établi chez nous l'opéra, Gluck, ayant fondé ici la tragédie lyrique, devaient donc figurer à notre Exposition.

Si le terrible Florentin, que Boileau appela non sans raison un « coquin ténébreux », prit une part importante au mouvement évolutif dont nous allons voir les effets, il ne fut cependant pas, à proprement parler, l'inventeur de notre opéra. L'avènement de Palestrina avait déterminé en quelque sorte la fin d'un monde, achevant le règne de la polyphonie vocale. L'art de l'auteur des *Improperia* n'était point, comme certains se l'imaginent qui se fient trop facilement aux légendes, un art d'aurore, et Victor Hugo, entre autres, s'est singulièrement trompé en appelant Giovanni Pierluigi « le père de l'harmonie » et en lui disant, dans sa belle crédulité :

> Car ainsi qu'un grand fleuve où boivent les humains,
> Toute cette musique a coulé de vos mains.

C'était, au contraire, un art de crépuscule, crépuscule qui est descendu aussi bien sur la France que sur l'Italie et dont, par conséquent, je dois m'occuper comme je devrai m'occuper, au courant de ces pages, de ce qui, venant du dehors, aura exercé sur nous une réelle influence. Les papes, rêvant de réformer rigoureusement le chant religieux, fait à cette époque, nous l'avons vu, d'airs populaires et profanes, souhaitant posséder en des messes nouvellement austères une arme redoutable contre le protestantisme envahisseur, trouvèrent dans le rude génie de Palestrina une aide puissante. Les uns après les autres, organisant une lutte acharnée, ardente, implacable non pas seulement contre le calvinisme mais contre tout ce qui, livre, tableau, musique, idée, ne s'accordait pas avec l'intolérance de l'Église, ils attachèrent à leur personne Pierluigi, qui fut en quelque sorte le poète épique de cette lutte. Son art, particulièrement significatif et fort, destiné et appliqué à des mesures de répression, arrêta net l'essor de la polyphonie vocale et, par sa hautaine intransigeance, s'enferma dans une prison si solide que nul ne parvint jamais à l'en arracher. Palestrina n'eut aucun continuateur direct et son œuvre causa, en la justifiant, la transformation de notre musique qui, fidèle encore au caractère de la race, n'en fut que plus indépendante. Une ère nouvelle allait commencer. Les Goudimel, les Jannequin, les Josquin de Prés ne disposaient que d'un unique moyen d'expression, le plus beau certes, la voix humaine. Ils ne trouvaient d'autre point d'appui que la littérature qui leur fournissait le texte dont ils avaient un absolu besoin. A la voix humaine, les compositeurs qui vont venir ont ajouté les cent voix douces, tendres, souples, robustes, formidables et diverses de l'orchestre. Émancipant leur art qui, dès lors, pouvait chanter librement, sans le secours de la parole, ils l'ont fortifié aussi, lui laissant l'aide précieuse de la poésie, en le mariant à la peinture et à l'architecture.

Une partition d'orchestre, en effet, comme celles qui, peu à peu, prendront forme chez nous, est un vaste tableau, aux mille teintes changeantes.

Chaque instrument a sa couleur propre, couleur plus ou moins vive, plus ou moins « dégradée » selon le registre de cet instrument. Tout le monde a remarqué que le hautbois est vert, non point parce qu'il évoque fréquemment des souvenirs champêtres, mais à cause de son espèce d'acidité de jeune fruit sauvage, que la flûte dans le grave est d'une blancheur mate, que les trombones sont rouges. Rappelez-vous les, Monsieur le Ministre, au début du *Phaéton* de M. Camille Saint-Saëns, ce merveilleux poème symphonique d'esprit si essentiellement français, jetant les trois notes flamboyantes qui allument l'incendie du soleil. Le musicien se sert de ses couleurs comme le peintre emploie les siennes, identiquement. Il les a sur sa palette, il en augmente ou en atténue l'intensité en les mélangeant, en les combinant, et il en tire d'innombrables gammes de tons. Une partition d'orchestre est aussi un gigantesque édifice sonore, construit symétriquement, d'après des lois d'équilibre qui assurent sa solidité dans les siècles, édifice resté souvent mystérieux comme reste souvent mystérieuse la pensée de l'architecte qui l'a imaginé. Shopenhauer n'a-t-il pas dit admirablement à ce propos que « le rythme est dans le temps ce que la symétrie est dans l'espace, que de même qu'en architecture c'est la symétrie qui ordonne et relie tout, de même en musique c'est le rythme » et Gœthe, dans ses *Entretiens*, n'a-t-il pas appelé hardiment l'architecture « de la musique figée »?

Un tel art, grâce auquel, à cette heure, s'éclaire chaque personnage de nos drames lyriques, grâce auquel, également, se manifeste de façon si brillante notre jeune école de symphonistes, balbutiait déjà ici avant l'arrivée de Lully. Les ballets de cour de Beaulieu, de Salmon, de Guédron, de Mauduit et de tant d'autres; *Pomone*, de Cambert, le premier opéra français, l'attestent. Mais ce malheureux Cambert se laissa déposséder aussi bien de son privilège de directeur de théâtre que de son droit à produire par le redoutable Italien qui, s'il écrivit des œuvres du plus haut rang, comme *Alceste*, dont nous avons exécuté la superbe scène des Enfers, exerça, par sa méchanceté, son âpreté au gain et, il faut le dire, hélas! par son indélicatesse, une tyrannie sans exemple dans l'histoire de la musique. C'est une grande figure, évidemment, mais c'est surtout une vilaine figure que celle-là. On en connaît trop les innombrables laideurs pour que j'y insiste. Du reste, un cœur sec se devine sous les formules qui remplissent tant de partitions souvent froides et nous voyons ainsi que personne ne peut enfreindre la loi d'hérédité qui veut que l'enfant de la pensée, comme l'enfant de la chair, ressemble à celui qui l'a conçu. Profondément intelligent, Lully sentait bien que la foule désirait dans le drame chanté plus de logique et de bon sens qu'on n'en usait à cette époque. Il sut contenter ce désir. L'opéra du xvii° siècle, en effet, avec ses airs, ses morceaux de coupe convenue qui longtemps ont servi de modèles, était un genre où la logique et le bon sens réglementaient ce qui n'avait été jusqu'alors qu'hésitation, tâtonnement et incohérence. La vie y manquait qui, peu à peu, s'y manifesta, y mettant chaque fois une parcelle de beauté et de vérité. Peu à peu, donc, ce genre évoluera, non pas grâce aux prétendus cas d'anarchie que dénoncent toujours inutilement les ennemis du progrès et de la lumière, mais par la force irrésistible des choses, par suite de la marche en avant de l'humanité, souveraine inspiratrice des penseurs-producteurs et justifiant la précise définition de Taine, que je rappelle : « L'œuvre d'art est déterminée par un ensemble qui est l'état général de l'esprit et des mœurs environnantes ». Quand Lully mourut, après avoir chassé nos nationaux et réalisé hardiment leurs vagues rêves, sur notre sol un fier et noble génie était né dont l'apport allait être infiniment plus considérable, plus magnifique, plus glorieux que l'héritage de l'étranger.

Je veux parler de Jean-Philippe Rameau.

Celui-là, avec son âme tranquille, forte et résolue, fut réellement un novateur, aussi bien dans ses compositions que dans ses théories, que dans ses écrits.

Compositeur, théoricien, écrivain, Rameau inventa, vous le savez, Monsieur le Ministre, le système de la génération harmonique, système qui règle l'enchaînement normal des accords et sur lequel est basée toute la musique moderne. Ce système très révolutionnaire et essentiellement scientifique, il l'appliqua en ses ouvrages et, traité de fou furieux, il se défendit, en effet, furieusement, la plume à la main.

Jean-Philippe Rameau n'eut pas de professeurs, et c'est ce qui explique la nécessité de ses travaux et de ses recherches. Doué de l'esprit le plus indépendant, le plus énergique et le mieux équilibré, il refusa de suivre les vieilles routes défoncées qui l'eussent conduit au but déjà atteint par ses prédécesseurs et voulut en ouvrir d'autres qui aboutirent au vaste domaine que ses successeurs ont si magnifiquement agrandi. Rameau n'apprit pas un métier mais créa un art.

Ses prédécesseurs directs, c'est-à-dire ceux qui se manifestèrent entre la mort de Lully et le moment trop tardif où il arriva à s'imposer, sont assez nombreux. Je citerai Pascal Colasse, un excellent élève du Florentin, particulièrement oublié parce que, sans doute, il ne se soucia, en *Thétis et Pélée* et ailleurs, que d'imiter son maître; Charpentier, qui, dans *Médée*, semblait prévoir, çà et là, qu'un jour la tragédie lyrique détrônerait l'opéra; Desmarets et sa *Didon*; Marais et *Alcyone*; Salomon et son *Jason*; Lacoste et *Biblis*; Montéclair et *Jephté,* et surtout Campra, dont *l'Europe galante*, qui eut un prodigieux succès, marquait, par de la tendresse, de la sensibilité, une nette réaction contre la sécheresse formulaire des partitions de Lully; Mouret, que l'on appelait le musicien des grâces et qui méritait son surnom; Destouches, compositeur d'instinct, qui ne manqua point d'un juste sentiment; La Barre, Aubert et Lalande.

Mais combien Rameau était différent, et quel splendide patrimoine il nous laissa. Lui aussi, il s'inspira d'abord du sol même de notre pays. En se fixant, tout jeune, à Clermont, où le Chapitre de la cathédrale se l'attacha, il avait son idée. Le long séjour en la ville de province silencieuse et paisible, les solitaires promenades en montagne furent les causes déterminantes des profondes réflexions qui l'amenèrent à ses magnifiques trouvailles. Ces trouvailles faites, il fallait les révéler au monde. Quand, revenu à Paris, Rameau publia son *Traité de l'harmonie réduite aux principes naturels* et ses premiers morceaux de clavecin, des cris de colère, des hurlements de réprobation l'accueillirent. Il s'en consola en épousant, âgé déjà de quarante-deux ans, une jolie fille de dix-huit ans dont le beau printemps fleuri ensoleilla son œuvre, et, contrairement aux calomnies de Diderot, il adora sa femme et ses enfants. — Si je vous parle un instant, Monsieur le Ministre, de la vie d'un tel homme, vie affectueuse ou vie batailleuse, c'est que je la crois inséparable de sa production qu'elle éclaire et justifie. — Maintenant qu'il a posé les bases d'un art nouveau, il voudrait composer pour le théâtre, appliquer ses théories à la musique dramatique. Mais aucun librettiste connu ne daigne collaborer avec lui. Ne dit-on pas de son système qu'il va *jusqu'à l'anéantissement de la correction dans la manière d'écrire*; n'affirme-t-on point que *la faiblesse des études de Rameau exercera sur toute sa carrière une fâcheuse influence; que son harmonie, bien que forte et riche de modulations, est toujours fautive*? A Houdard de la Motte, qui lui avait refusé un poème, il répond, en une longue lettre où il plaide vigoureusement sa cause : *Il serait à souhaiter qu'il se trouvât pour le théâtre un musicien qui étudiât la nature avant de la peindre et qui, par sa science, sût choisir les couleurs dont son esprit et son goût lui auraient fait sentir le rapport avec les expressions nécessaires.* C'était trop raisonnable pour être immédiatement compris, mais cela n'en constituait pas moins une déclaration de principes dont, plus tard, heureusement, on profita.

Tout, d'ailleurs, aussi bien dans l'existence que dans les ouvrages de Rameau, devait servir à la postérité. Son attitude devant l'insuccès est un haut exemple à suivre. Le *Samson* que Voltaire lui offrit ayant été interdit, pour obéir aux injonctions des lullistes, il finit par obtenir de l'abbé Pellegrin *Hippolyte et Aricie*, qu'il fit représenter et dont la chute fut complète.

«Ce n'était pas cependant, disent les mémoires du temps, que tous les spectateurs contribuassent à former un jugement aussi injuste, mais ceux qui n'avaient d'autre intérêt que celui de la vérité ne pouvaient encore se rendre compte de ce qu'ils sentaient et le silence que leur dictait la prudence livra le musicien à la fureur de ses ennemis.» Je vous recommande particulièrement, Monsieur le Ministre, ce dernier trait de lâche bêtise éternelle. A cela, l'artiste réplique simplement : «J'ai cru que mon goût réussirait et je vois qu'il n'en est rien. Mais je n'en ai point d'autre et, plutôt que d'en changer, je ne ferai plus d'opéras.»

Par bonheur, il n'abandonna pas la scène; il se remit à écrire et composa les belles œuvres fortes et expressives que vous savez. Mais chaque partition provoque de nouvelles querelles. Aux déloyautés, aux mensonges, aux méchancetés de ses adversaires, Rameau répond avec une inlassable vigueur. On ne cesse de lui reprocher «d'avoir choisi un livret de M. de Voltaire pour débuter dans le genre dramatique; d'écorcher les oreilles des gens de bien; de chasser le public du théâtre quand on y donne ses ouvrages». Il proteste constamment, se justifie, rétablit la vérité et culbute l'ennemi. Il se préoccupe des jeunes, de ceux qui lui succéderont. A l'un d'eux qui lui demande conseil pour sa carrière, il dit, en ce qui regarde l'opéra : «Il faut être au fait du spectacle, avoir longtemps étudié la nature pour la peindre le plus au vrai qu'il est possible; il faudrait aussi se connaître en toutes les grandes passions et toutes les grandes douleurs; commander à l'orchestre, aux acteurs et parfois même à l'auditoire. J'ai suivi le théâtre depuis l'âge de douze ans : je n'ai travaillé pour l'Opéra qu'à cinquante ans. Encore ne m'en croyais-je pas capable. J'ai continué. Enfin j'étais courageux..... téméraire, et j'ai réussi.»

De telles paroles, associées aux actes significatifs, montrent bien le rôle qu'a joué Jean-Philippe Rameau. Notre ancêtre admirable et vénérable fut, jusque dans les moindres branches de son art, un novateur. Il a placé l'harmonie — innovation capitale — sur le terrain solide où l'on n'a cessé de marcher de conquête en conquête. Il a innové à la scène de la façon que vous venez de voir par ses propres déclarations. Il a innové au clavecin, mettant là une poésie pittoresque qui nous surprend encore aujourd'hui. Il a innové dans la musique de chambre qu'il élargit à sa manière, — à peine était-elle créée d'ailleurs — en même temps que le grand Jean-Sébastien Bach l'élargissait à la sienne par ses concertos et ses pièces instrumentales. Il a innové dans la musique religieuse. — Le magnifique motet *Quam dilecta Tabernacula*, que nous avons joué et que M. Camille Saint-Saëns a magistralement reconstitué, le prouve. — Il a innové partout. Une tradition, cependant, s'était déjà établie qu'il respecta, qu'il continua.

comme la respecteront. la continueront ses successeurs. C'est la tradition française. faite des qualités inhérentes à notre race : la mesure, la clarté, l'esprit, le cœur, la franchise et l'audace, tradition qui sera, à travers les siècles, le point d'appui des véritables novateurs et que nul n'arrivera jamais à abolir.

Cette tradition avait alors pour gardiens de bien moindre importance Mondonville avec *Tithon et l'Aurore*, Dauvergne avec les *Troqueurs*, Philidor, Floquet et tous ceux qui, reprenant l'idée d'Adam de la Halle, fondèrent définitivement l'opéra-comique.

A la pastorale naïve de *Robin et Marion*, où la musique et les paroles alternaient déjà, Lully et Charpentier avaient ajouté les menues partitions du *Bourgeois gentilhomme* et du *Malade imaginaire*. C'était l'acheminement aux spectacles de la foire Saint-Germain, de la foire Saint-Laurent, où la comédie chantée, dont nous suivrons l'évolution, allait prendre forme. Là. les airs populaires firent encore les premiers frais. Peu à peu, des compositeurs vinrent qui marièrent puis substituèrent leurs jeunes mélodies aux anciens rythmes. Peu à peu, la *Chercheuse d'esprit*, où Favart n'avait guère employé que des « timbres » connus, fut remplacée dans la faveur de la foule par des œuvres originales. Peu à peu. l'école française s'affirmait de façons diverses. Pour triompher, il lui fallait la lutte. Elle la dut, sérieuse et digne d'elle, aux acteurs italiens qui apportèrent et représentèrent à Paris la *Serva Padrona* de Pergolèse.

Il y avait dans cet opéra soi-disant bouffe autre chose qu'une farce, autre chose qu'une improvisation facile de musicien inspiré. Le sourire de la *Servante maîtresse* est un sourire où il y a beaucoup d'amertume. La femme, on le sait, n'a causé au pauvre génial phtisique que souffrance et déception. Là, il nous la montre effrontée, rusée, insolente, presque terrible, cela avec une force, une rudesse, une âpreté extrêmement significatives. A sa puissance de domination. à la perversité qu'elle met dans le commandement. il oppose de manière très touchante et très réaliste en même temps les émouvants ridicules des bons vieux hommes qui jamais ne parviendront à se passer d'elle. Il y a là une étude de caractère infiniment curieuse, infiniment « poussée », infiniment profonde, qui dénote, de la part de son auteur. un extraordinaire esprit d'observation, une surprenante science de la vie. Un ouvrage d'aussi stricte vérité suffit à expliquer l'influence considérable qu'exerça sur notre art l'art italien.

Cette influence. qui devint bientôt néfaste quand. par des productions inférieures, la virtuosité vocale fut substituée au chant, était alors à ce point grandissante en tous les pays de musique, que Gluck lui-même, l'Allemand si personnel, le divin créateur de notre tragédie lyrique, la subit pendant les vingt premières années de sa carrière. Peut-être n'est-il pas inutile de rappeler à la suite de quelles circonstances il ébaucha, avant de s'établir chez nous, ses projets de réforme. Il ne faut d'ailleurs rien ignorer d'un tel homme.

A son *Artaserce* qui, d'emblée, obtint à Milan un énorme succès, Gluck avait ajouté beaucoup d'autres partitions d'esprit essentiellement et pareil-ment italien. Un ouvrage lui fut alors commandé par un imprésario de Londres, ouvrage qu'il promit de livrer très rapidement. Le temps lui manquant pour faire sa besogne en conscience, il eut l'idée d'adapter au livret qu'on lui fournissait les airs les plus applaudis de ses précédentes compositions. Le public anglais resta de glace. Gluck, étonné d'abord, ne tarda pas à comprendre qu'au théâtre la vérité de l'expression. des carac-tères, le sentiment juste de la nature, de la vie sont choses indispensables. Lorsqu'il s'aperçut qu'en déplaçant purement et simplement une mélodie il la privait de toute sa force, de toute son éloquence, de toute sa signifi-cation, de tout son effet, il dut avoir la nette sensation de ce que l'avenir lui réservait, et je suis bien sûr que ce fut à partir de ce moment-là qu'il résolut la rénovation complète du drame musical.

Cette rénovation ne pouvait s'accomplir du jour au lendemain. Pendant de longues années, Gluck y songea, et son premier soin, pour s'y préparer, fut de se perfectionner non pas dans son art propre, car ce géant de la musique dédaigna toujours visiblement les adresses du métier, mais dans les arts frères et notamment dans la littérature. Il étudia le latin et surtout le français. Puis il pensa que, pour réaliser son rêve, il avait besoin d'un poète qui épousât ses idées, qui s'en enthousiasmât avec lui, qui l'aidât et le guidât. Métastase, jusque-là son collaborateur habituel, n'était point l'homme d'une si haute et si périlleuse besogne. Gluck eut raison de lui préférer Calzabigi, puisque d'*Orfeo ed Euridice* date la manifestation initiale de la tragédie lyrique.

Cette œuvre, quand elle fut représentée à Vienne, désorienta quelque peu les auditeurs. On raconte, Monsieur le Ministre, que, la partition ayant été publiée, il s'en vendit, dans l'espace de trois ans, neuf exem-plaires. Et même certains professionnels doutaient si bien alors du triomphe futur que l'un d'eux, notre compositeur Philidor, hélas! crut pouvoir, sans courir aucun danger, voler la mélodie devenue célèbre : *Objet de mon amour* et l'utiliser dans son opéra-comique *le Sorcier,* où Berlioz la reconnut plus tard en poussant de légitimes cris de fureur. Qu'importe! La révolution était commencée qui allait bouleverser le théâtre.

A *Orfeo ed Euridice* succéda *Alceste,* dont la dédicace au Grand-Duc de

Toscane montre, par l'exposé des théories nouvelles, la nécessité de cette révolution, l'état de choses qui la provoquait. Là, Gluck a dit : « J'ai cherché à réduire la musique à sa véritable fonction : celle de seconder la poésie pour fortifier l'expression des sentiments et l'intérêt des situations... J'ai cru que la musique devait ajouter à la poésie ce qu'ajoutent à un dessin correct et bien composé la vivacité des couleurs, l'accord heureux des lumières et des ombres qui servent à animer les figures sans en altérer les contours. » Cela, il faut le remarquer, est diamétralement opposé aux idées de Mozart. Celui-ci, en effet, déclarait, à propos de *l'Enlèvement au Sérail*, que, « même dans les situations les plus horribles, la musique doit satisfaire l'oreille; que, au résumé, la musique doit toujours rester de la musique ». Il ajoutait que « la poésie dans l'opéra doit absolument être la fille obéissante de la musique; que les opéras italiens, malgré la pauvreté de leurs livrets, plaisent parce que la musique y règne en souveraine et fait passer sur le reste ». C'est que, selon le mot de Rossini : « Beethoven fut le plus grand musicien, Mozart fut le seul »; le sublime auteur de *Don Juan* était le musicien par excellence, ramenant tout, projets, travaux, aventures, tendresses, colères, impressions, au but unique de ses rêves : la musique. Gluck était, lui, autre chose qu'un musicien. Il soutenait qu'« Armide furieuse ne peut pas chanter comme Armide enivrée d'amour », et maintenait son droit à effrayer l'oreille des gens. Dans cette préface d'*Alceste*, qui est en quelque sorte l'Évangile des compositeurs dramatiques, il a continué ainsi : « Je me suis bien gardé d'arrêter un acteur au milieu de son discours sur une voyelle favorable, soit pour déployer dans un long passage l'agilité de sa belle voix, soit pour attendre que l'orchestre lui donnât le temps de reprendre haleine pour faire un point d'orgue. Je n'ai pas cru non plus devoir ni passer rapidement sur la seconde partie d'un air, lorsque cette seconde partie était la plus passionnée et la plus importante, afin de répéter régulièrement quatre fois les paroles de l'air, ni finir l'air où le sens ne finit pas, pour donner au chanteur la facilité de faire voir qu'il peut varier à son gré et de plusieurs manières un passage. J'ai voulu proscrire tous ces abus contre lesquels, depuis longtemps, se récriaient le bon sens et le bon goût. »

Mais avant de conclure en affirmant que « la simplicité et la vérité sont les grands principes du beau dans toutes les productions des arts », Gluck a dit encore — et cela est capital — qu'il a « évité de laisser dans le dialogue une disparate trop tranchante entre l'air et le récitatif, afin de ne pas tronquer à contresens la période et de ne pas interrompre mal à propos le mouvement et la chaleur de la scène. »

Rapprochez ces théories de celles que Richard Wagner a mises en pratique cent ans plus tard. Elles sont, quant au fond, absolument semblables. La « mélodie infinie » même, dont on se moqua tant, comme d'une chose follement imprévue, lorsque l'auteur de la *Tétralogie* l'employa, formait (la dernière phrase que j'ai citée en fait foi) la base du système dramatique de l'auteur d'*Alceste*. A un siècle de distance, l'erreur s'est reproduite pareille. Vaincue par Gluck, elle a repris droit de cité jusqu'à l'heure où l'on a osé la combattre et où, de nouveau, elle a dû céder le pas à la saine raison. C'est l'éternelle victoire de l'intelligence et de l'activité sur la routine et la sottise.

Une seconde préface, beaucoup moins connue que la première, va nous renseigner à la fois sur l'incompréhension rencontrée par Gluck et sur le caractère décidé, entêté et souvent agressif du maître. C'est celle de *Pâris et Hélène*, dédiée au duc de Bragance. Je vous demande la permission, Monsieur le Ministre, d'en extraire ces hautaines et nettes paroles : « J'osais me flatter qu'en suivant la route que j'ai ouverte on s'efforcerait de détruire les abus qui se sont introduits dans l'opéra italien et qui le déshonorent; je l'avoue avec douleur, je me suis trompé. Les demi-savants, les docteurs de goût, espèce malheureusement trop nombreuse et de tous temps mille fois plus funeste au progrès des beaux-arts que celle des ignorants, se sont déchaînés contre une méthode qui, en s'établissant, anéantirait leurs prétentions. Un de ces délicats amateurs qui ont mis toute leur âme dans leurs oreilles aura trouvé un air trop âpre, un passage trop ressenti ou mal préparé sans songer que, dans la situation, cela était le sublime de l'expression et formait le plus heureux contraste. Un harmoniste pédant aura remarqué une négligence ingénieuse ou une faute d'impression et se sera empressé de dénoncer l'une et l'autre comme autant de péchés irrémissibles contre les mystères de l'harmonie; bientôt après, des voix se sont réunies pour condamner cette musique comme barbare, sauvage, extravagante. De pareils obstacles existeront tant qu'on rencontrera dans le monde de ces hommes qui, parce qu'ils ont une paire d'yeux et d'oreilles, n'importe de quelle espèce, se croient en droit de juger des beaux-arts. »

Nous connaissons maintenant assez bien le terrain de luttes sur lequel Gluck s'engagea lorsqu'il vint à Paris, les barrières de tous genres, les ennemis de toutes sortes qu'il y trouva. Malgré sa rudesse, sa fermeté, son opiniâtreté extraordinaires et non exemptes parfois de bonne humeur, jamais il n'eut triomphé sans l'aide puissante de Marie-Antoinette qui lui ouvrit les portes de l'Opéra. Pour se rendre compte de l'énergie qu'il dut dépenser, une fois entré dans ce théâtre, il faut savoir que là, à cette époque — je copie les mémoires du temps — « les chœurs arrivaient sur la scène en marche réglée. Les hommes d'un côté. les femmes de l'autre, se croisaient d'abord, descendaient ainsi, en longeant les coulisses et, par rang d'âge. repassaient devant le public pour se mettre en file de chaque côté. faisant leur partie. les hommes les bras collés au corps et les femmes un éventail à la main : les uns et les autres ne se permettant aucun geste ». On nous dit aussi qu'à l'orchestre les exécutants. en hiver. gardaient leurs gants pour éviter l'onglée, et Mozart. dans une de ses lettres, nous apprend que « les chanteurs et les chanteuses de l'Académie royale ne chantaient pas: ils criaient, hurlaient du nez. du gosier, de toute la force des poumons. »

Malgré tant de difficultés, *Iphigénie en Aulide* et *Orphée*. traduits en français, réussirent. Par contre, *Alceste,* cette noble et splendide *Alceste*. dont nous avons joué avec un si magnifique succès l'admirable scène religieuse. échoua complètement. Gluck tint alors ce très fier et très beau langage : « Ma pièce ne doit pas plaire seulement dans le présent et dans sa nouveauté; il n'y a point de temps pour elle. J'affirme qu'elle plaira dans deux cents ans, et ma raison est que j'en ai posé tous les fondements sur la nature, qui n'est jamais soumise à la mode. » Il se défend furieusement et ses amis se joignent à lui. On dit d'*Alceste* que c'est de la musique en prose, sans chant ni poésie, et un enfant y pleure. Gluck. en le voyant sangloter, s'écrie : « Cela ne m'étonne pas, il se laisse faire. » Le mot est d'éternelle et amère vérité. Quand donc. au théâtre. le public, simplement. comme cet enfant, se laissera-t-il faire?

Cependant, dès l'arrivée du compositeur allemand à Paris, les défenseurs attitrés des formules italiennes s'étaient inquiétés et avaient songé à opposer un des leurs à Gluck. L'extraordinaire fortune de la *Cecchina* désignait à leur attention le Napolitain Nicolas Piccinni. On résolu de l'attirer en France et de commencer la lutte aussitôt qu'il s'y serait fixé. Mais, autant l'un, dans le mouvement perpétuel de sa vie de conquêtes, était ardent. audacieux. violent et batailleur. autant l'autre. dans le calme de son existence familiale. était doux, timide, pacifique et tendre. N'importe! On ne demandait à Piccinni que de composer et de laisser agir son parti.

Marmontel, qui avait groupé autour de lui La Harpe, Ginguené, d'Alembert et de nombreux combattants. était le chef de ce parti. L'armée adverse comptait dans ses rangs, entre autres soldats dévoués, Suard, l'abbé Arnaud et le grand Jean-Jacques Rousseau, gagné à la bonne cause. malgré ses anciennes sympathies pour la musique italienne. malgré, aussi, la médiocrité de la partition du *Devin du Village*, dont la vogue était d'ailleurs énorme. Rien ne peut donner idée de la virulence injurieuse des polémiques, de la grossièreté infâme des épigrammes. de la perfidie abominable des brochures, des pamphlets, des articles de journaux, dont fut cause cette guerre d'Apaches. Aussi bien à propos de *Roland*, de Piccinni, qui réussit brillamment, qu'à propos d'*Armide*, de Gluck, qui tomba à plat, les troupes ennemies ne cessèrent de se jeter des seaux d'eau sale au visage. *Iphigénie en Tauride*, dont le directeur de l'Opéra, commerçant rusé, avait secrètement commandé la partition aux deux rivaux, mit fin à la querelle. Gluck «passa» le premier et son succès fut éclatant, décisif. Jamais encore le maître n'avait serré d'aussi près la vérité. Je vous rappelle, Monsieur le Ministre, le monologue où Oreste, tandis que l'orchestre bondit en gammes éperdues, supplie le destin de l'écraser. A ce tumulte instrumental succède un grand silence et tout semble redevenu tranquille. «Le calme rentre dans mon cœur», dit le malheureux, et une note obstinée des altos, tragiquement agitée, ne cesse d'exprimer l'effroi. «C'est un contresens, observa quelqu'un. — Ne voyez-vous donc pas qu'il ment, s'écria Gluck, la furie est toujours là, il a tué sa mère». Un pareil trait suffit à montrer l'étendue du terrain conquis. Quand les piccinnistes, consternés cependant, exigèrent du pauvre Napolitain qu'il fît jouer son œuvre, celle-ci s'effondra dans un désastre. Un art nouveau qui, aujourd'hui, jette ses plus belles branches, avait été greffé sur l'arbre grandissant de notre art. Ses principes fondamentaux : respect de la nature, observation de la vie, souci de la logique du drame, fusion de la parole, du chant et de l'orchestre, serviront, tant que le monde sera monde, à toutes les révolutions lyriques. Cet art est mieux qu'un art de musique pure; c'est un art de poésie qui résume, à lui seul, les autres arts : la peinture, par l'infinie variété des couleurs; la littérature, par la juste indication des caractères; l'architecture, par l'ampleur magnifique des lignes; la musique, par l'éloquence souveraine de l'harmonie, et l'on comprend que celui qui a conçu cet art ait dû, pour le réaliser, pour laisser s'épanouir son étonnant génie de poète, s'efforcer, ainsi qu'il l'a déclaré lui-même, d'oublier qu'il fût musicien.

Parmi les disciples de Gluck, Grétry, dont nous avons mis sur nos programmes un air de *Silvain*, occupa une place très spéciale. Il épousa franchement toutes les théories de l'illustre fondateur de la tragédie lyrique et appliqua ces théories au genre qui convenait le mieux à son tempérament. Déjà le *Déserteur*, de Monsigny, mêlant le pathétique au comique, avait transformé sensiblement ce genre. *Richard Cœur de Lion*, plus ferme, plus émouvant et, disons-le, plus beau, l'élargit encore davantage.

Des cinquante pièces de théâtre que Grétry écrivit, grâce à son excessive fécondité, six ou sept méritent seules de rester dans le souvenir. En revanche, ses trois volumes de mémoires, malgré leur style fort lâché, sont curieux à consulter. Sans doute, nous montrent-ils un être de prodigieuse et déconcertante naïveté, s'admirant soi-même avec une conviction parfaite, racontant ses prouesses, ses succès, expliquant les moindres intentions harmoniques, instrumentales, littéraires ou autres de ses ouvrages, cela puérilement et tranquillement. Mais ils nous révèlent aussi un homme d'initiative et de progrès dont les idées ont certainement contribué à la glorieuse évolution de notre musique.

Comme Gluck, Grétry voulait la vérité et la liberté. Il plaidait leur cause en ces termes : « Malheur à l'artiste qui, trop captivé par la règle, n'ose se livrer à l'essor de son génie! Il faut des écarts pour pouvoir tout exprimer. Si vous ne pouvez être vrai qu'en créant une combinaison inusitée, ne craignez point d'enrichir la théorie d'une règle de plus : d'autres artistes placeront peut-être encore plus à propos la licence que vous vous êtes permise et forceront les plus sévères à l'adopter ».

Mais il était alors et il fut toujours bien difficile d'user de vérité et de liberté complètes en ce genre de l'opéra-comique qui compte, je le proclame, d'admirables et impérissables chefs-d'œuvre, et que nos jeunes compositeurs, je suis obligé de le reconnaître, ont absolument abandonné. L'alternance du chant et du parler, abolissant l'unité de langage, utile à la scène où la clarté, la netteté sont particulièrement nécessaires, détruit souvent l'illusion de la vie que doit donner le théâtre. Le vaudeville de jadis, après s'être transformé, ne devint peu à peu la comédie lyrique d'aujourd'hui qu'à cause de ce besoin de logique qui est au fond de nous. Grétry n'en étudia pas moins, dans la seconde partie de ses Mémoires, les passions et les caractères, s'essayant à montrer comment la musique les devait exprimer et il s'écriait : « Je dis que tout est permis à l'artiste qui saisit la nature sur le fait : les vingt-quatre gammes ne sont que la palette du peintre; vouloir lui prescrire le rapprochement de ses couleurs est une sottise. C'est lui défendre d'être original. »

En dépit de sa naïveté, de sa puérilité, Grétry fut un des plus authentiques précurseurs de Richard Wagner. Il inventa le *leit-motiv*, non pas par hasard, mais par réflexion et pour obéir encore à son ardent amour de la vérité. Il voulut que sa trouvaille ne passât pas inaperçue et commenta soigneusement l'air de Blondel de *Richard Cœur de Lion*, expliqua pourquoi il en avait fait revenir si souvent la mélodie en des mesures différentes, au courant de sa partition, donnant comme raison principale que cet air est *le pivot sur lequel tourne toute la pièce*. Ainsi est né le « thème conducteur » du drame lyrique moderne.

Mais la parenté d'idées entre les deux compositeurs ne se borne pas là.

Longtemps avant Wagner, Grétry traça les plans d'un théâtre nouveau et, à ce sujet, écrivit ceci : « Je voudrais que la salle fût petite et contenant au plus mille personnes; qu'il n'y eût qu'une sorte de places partout: point de loges. Je voudrais que l'orchestre fût voilé et qu'on n'aperçût ni les musiciens, ni les lumières des pupitres du côté des spectateurs. L'effet en serait magique et l'on sait que, dans tous les cas, jamais l'orchestre n'est censé y être. Je voudrais une salle circulaire, toute en gradins qui formeraient un seul amphithéâtre, toujours ascendant et rien au-dessus que quelques trophées peints à fresques... » Voilà, j'imagine, qui n'est pas pour déplaire aux habitués de Bayreuth.

Grétry eut une vision très juste de l'avenir. « Un jour, prédit-il, tout ce qui ne sera pas dans le genre du poème sera repoussé du public instruit; tous les *chanteurs-brodailleurs* seront rejetés du théâtre dans les concerts; les roulades paraîtront si absurdes qu'on n'en fera plus que pour imiter le rossignol. Les orchestres ont aussi leurs préjugés qui se détruiront. » Avec sa simplesse, mais aussi avec sa loyauté, Grétry accepta la loi de progrès, ouvrit en son petit domaine des routes où de plus grands que lui passèrent pour aller fonder des empires dans les pays inexplorés de l'art. C'est en marchant de l'avant, d'instinct et presque ingénument, à la façon d'un brave homme sans arrière-pensée, qu'il conquit sa place dans l'histoire de notre musique.

Gluck, cependant, eut un second disciple direct, celui-là autrement important que le premier et illustre entre tous les maîtres : Méhul.

Ici, Monsieur le Ministre, la supériorité se détermine nettement par le rapport que Taine établit, je le rappelle, entre l'œuvre d'art et l'état général de l'esprit et des mœurs environnantes.

En effet, tandis que Grétry restait à peu près étranger au bouleversement social de la fin du xviii⁰ siècle, — il a raconté dans ses Mémoires l'émotion et la terreur que lui causa la vue de la guillotine et n'a écrit d'autre morceau de circonstance qu'une ronde pour la plantation de l'arbre de la Liberté — Méhul devenait un des compositeurs en quelque sorte officiels de la Révolution française.

Nous n'avons malheureusement pas pu, tant la place nous était mesurée, jouer à nos concerts aucune des œuvres typiques de cette période. Ces œuvres sont cependant éminemment curieuses en ce sens qu'elles continuent de nette façon la tradition nationale. Comme le fit avant eux Clément Jannequin, par exemple, leurs auteurs s'inspirèrent des rues, des villes tumultueuses, du pays en rumeur, des événements de chaque jour, de ce qu'ils voyaient, entendaient, ressentaient. Ils voulurent ennoblir par des hymnes les fêtes joyeuses ou tristes, pacifiques ou guerrières de la patrie, et cela fut très beau. Je vous montrais tout à l'heure, Monsieur le Ministre, par les cris de Paris de *Louise* succédant aux cris de Paris sous François Iᵉʳ, la persistance de la même idée à travers les siècles. Je me permets de vous rappeler maintenant la cérémonie du Couronnement de la Muse, où M. Gustave Charpentier, cette fois encore, a, lui aussi et à sa manière, continué la tradition nationale. Là, également, l'analogie est frappante. En ces temps d'héroïsme, la musique était la voix de suprême éloquence sans le secours de laquelle il semblait que nul acte solennel de la vie ne dût s'accomplir. La jeunesse, la vieillesse, la liberté, la nature, la victoire, les naissances, les mariages, les funérailles, les grands hommes, les grands faits étaient magnifiés par des chants. Quelques-uns de ces chants sont d'une simplicité sublime et je ne saurais me dispenser de nommer ici certains de ceux qui les écrivirent. C'est Gossec qui, pour aider à un tel mouvement d'art, pour former des orchestres et des chœurs capables d'y prendre part, pour les renouveler dignement, fonda notre Conservatoire après avoir — ceci ne manque pas d'une haute importance — créé chez nous la symphonie que Haydn, Mozart et Beethoven allaient si splendidement développer en Allemagne et que nous avons reconquise par de récents efforts dont je dirai la noblesse. C'est Cherubini qui assuma la direction de ce Conservatoire et qui, ainsi que Lesueur, un des plus admirables maîtres de cette pléiade, ne tardera pas à s'imposer autrement à notre attention. C'est Rouget de l'Isle que la miraculeuse et d'ailleurs géniale *Marseillaise* immortalisa. C'est Méhul enfin.

Personne n'ignore que, pour célébrer le cinquième anniversaire de la prise de la Bastille, le musicien, déjà illustre, consentit à improviser, sur l'angle d'une cheminée, dans une grande soirée donnée par Sarrette, *le Chant du Départ*, dont Marie-Joseph Chénier venait de lui lire les vers. Mais ce ne fut pas là sa seule participation aux fêtes nationales de son temps. Il composa aussi — je cite quelques titres parce qu'ils me paraissent assez significatifs — *l'Hymne à la Raison, l'Hymne du 9 Thermidor, l'Hymne des vingt-deux, l'Hymne de Bara et Viala, le Chant funèbre à la mémoire de Féraud, le Chant des Victoires, le Chant du Retour*, qui glorifiait la paix comme *le Chant du Départ* avait glorifié la guerre, *l'Hymne pour les Époux* et *le Chant du 14 Juillet 1800*, exécuté aux Invalides le 25 messidor an VIII.

Ce dernier chant, de très vastes proportions, est une œuvre singulièrement curieuse. Trois orchestres et trois chœurs, que Méhul plaça aussi loin que possible les uns des autres, se répondaient, s'unissaient, emplissaient la nef de la puissante clameur des voix et de l'immense fracas des cuivres et des tam-tams. Je n'ai pas besoin de vous faire remarquer, Monsieur le Ministre, que l'idée a été reprise triomphalement par Hector Berlioz quand il utilisa à son tour ce superbe décor des Invalides. Je n'insiste pas davantage sur les innombrables morceaux de circonstance qui furent joués çà et là pendant cette période. Ce que je tenais à noter, c'est ceci : Méhul le classique, précurseur, comme Grétry, d'un grand romantique, reçut du peuple ses meilleures leçons. Le lyrisme de la rue se mêlant au lyrisme de la scène devait renouveler le théâtre. A la salle Feydeau, l'évolution qui, sans doute, obéit à l'émeute, ressemble fort à une révolution. Peu à peu, elle se précise et nous vaut un des plus magnifiques, des plus vénérables, des plus précieux joyaux de notre trésor. Le sentiment de la nature, de la vie, tel qu'il est exprimé dans la souveraine partition de *Joseph,* caractérise essentiellement et splendidement une époque et un milieu. C'est ce qui assure à cette partition de haute noblesse et de rare beauté longue existence et durable admiration. C'est ce qui tire de pair son auteur.

Joseph est si connu, Monsieur le Ministre, que nous avons cru devoir donner à notre public un fragment de quelque autre ouvrage du maître. Et nous avons choisi l'air de *Stratonice.* Mais, dans ce sublime *Joseph,* qui reste son chef-d'œuvre, Méhul s'est mis tout entier avec sa tendresse et sa sensibilité, avec son bon cœur douloureux. Il arrivait au terme d'une carrière qui lui avait coûté de cruelles souffrances. La joie de ses premiers triomphes fut empoisonnée par des défaites qui le désolèrent d'autant plus que, malade, phtisique, il était hors d'état de combattre la tristesse de sa célébrité. Il avait un esprit ombrageux et s'en accusait loyalement, franchement, héroïquement. « Je ne crois pas être envieux, confessait-il, et pourtant les succès des autres me font mal ; je l'avoue pour l'expier en le disant. » Que de pauvres hommes, hélas ! se torturent de la sorte sans songer que, en art, le succès obtenu n'est rien, que l'effort accompli est tout. Il eut la faiblesse de ne pouvoir jamais admettre cette nécessité éternelle d'être méconnu, attaqué d'abord pour vaincre plus sûrement dans l'avenir. Cependant il prêchait non pas précisément la lutte, mais au moins la défense des idées, du travail. Admirateur enthousiaste de Gluck, — on sait que, pour assister à la première représentation d'*Iphigénie en Tauride,* il se cacha dans un coin de la salle de l'Opéra, la veille de cette représentation, et brava le froid et la faim — il écrivit, comme son maître, une sorte de manifeste qu'il plaça en tête d'une de ses partitions. Un passage de cette préface me semble utile à retenir. Le voici :

« Je voudrais que, lorsqu'un ouvrage est destiné à voir le jour, il fût accompagné d'un examen dans lequel les compositeurs rendraient un compte détaillé de leurs intentions, des moyens qu'ils ont employés pour les exprimer, des principes qui les ont dirigés, des règles qu'ils ont suivies et des convenances qu'ils ont dû observer par rapport au genre qu'ils ont traité. Au milieu des débats, des partis dont ils sont tour à tour l'idole ou la victime, pourquoi gardent-ils le silence? Ne sont-ils pas dépositaires des secrets de leur art? N'en doivent-ils pas le tribut? Lorsque l'opinion les élève à une certaine hauteur, c'est pour être dirigée par eux et les rendre responsables des progrès de l'erreur. . . » Méhul, mélancoliquement, ajoutait : « En proposant à tous les compositeurs ce nouveau moyen d'acquérir des droits à la reconnaissance publique, je devrais placer l'exemple à côté du précepte. Mais des motifs, affligeants pour un artiste ennemi de l'intrigue, me forcent à me taire, afin de n'avoir pas la douleur d'entendre dire autour de moi que, sous prétexte de servir la musique, je n'ai cherché adroitement qu'une occasion de parler de mes ouvrages. »

C'était la blessure toujours rouverte que des chutes successives et finalement celle de *Joseph* firent saigner cruellement. En voyant tomber son chef-d'œuvre, Méhul résolut de renoncer au théâtre. Un amour de jeunesse renaissait en lui qui le consola et auquel, alors, il se consacra presque exclusivement, amour de douceur, de paix et de délice, bien digne de son âme candide et impressionnable : l'amour des fleurs. Il affectionnait particulièrement les tulipes, les soignait, les mariait en l'espoir de produire ainsi des variétés nouvelles. Un horticulteur de ses voisins a écrit qu'il était « *fou tulipier* dans toute l'acception de ce mot; que, au milieu des jeux et des contrastes qu'il provoquait, il tombait en extase, sourd à toutes les questions, insensible à tout ce qui se passait autour de lui, ne voyant, n'admirant que le rapide échange, les joyeuses caresses, les heureux adultères qu'il observait attentivement ». Il cultivait aussi les renoncules, au sujet desquelles le même voisin ajoute : « . . .Quand nous calculions avec le bon Méhul les effets sous le rapport des réflexions de lumière et sous celui des formes et des couleurs de ces plantes, il disait qu'un parc de renoncules bien choisies et distribuées était à l'œil ce qu'était à l'oreille la musique de Mozart et de Gluck. . . » Il possédait également de superbes collections de roses, de jacinthes, d'œillets et d'oreilles d'ours. Dans son jardin, il commandait de la sorte à un immense et frémissant orchestre, orchestre de rêve dont les mille harmonies de parfums et de teintes l'enivraient, l'éblouissaient. Entouré de ses chères fleurs chantantes, il oubliait un peu ce qu'il appelait l'ingratitude des hommes et ce qui n'était, en réalité, que le stage habituel de la gloire. Quand il mourut, vaincu par la phtisie, une grande foule curieuse l'accompagna au cimetière. Mais ce furent ses fidèles amies les tulipes et les renoncules qui, jetées sur le cer-

cueil, bien que fanées et flétries par les premiers froids de l'automne,
pleurèrent seules l'admirable musicien de génie et de souffrance.

En parlant des fêtes de la Révolution, j'ai nommé Cherubini et Lesueur.
Il convient, je crois, Monsieur le Ministre, que je place ces deux maîtres
au rang que l'un et l'autre méritent.

Il serait téméraire d'affirmer que Cherubini eut une grosse influence sur
l'évolution de notre art, et je me garderai bien d'exprimer une pareille
opinion. Il a, au contraire, subi profondément les effets de cette évolution
et s'est complètement transformé à notre contact. Il n'avait d'abord écouté
que son cœur de Florentin ; composé que des opéras, des messes, de style,
d'esprit nettement italiens. Quand il vint à Paris, déjà célèbre, quand il
se fit Français, loin de vouloir nous imposer sa manière, il nous la sacrifia
et épousa nos idées. Ce fut une belle et importante victoire que nous rem-
portâmes là, Monsieur le Ministre, victoire que je tenais à mettre à notre
actif. Les portes de la première scène lyrique lui ayant été longtemps
fermées, sur l'ordre obstiné de Bonaparte, qui ne lui pardonnait pas son
indépendance de caractère, Cherubini donna nombre de ses ouvrages,
conçus dans la formule nouvelle, au théâtre de l'Opéra-Comique, dont,
pendant trois ans, il avait pris la direction. *Lodoïska, Elisa, Médée, Les
Deux Journées* et enfin *Les Abencérages* qui, d'ailleurs, tombèrent plus tard
à l'Opéra, peuvent nous paraître des partitions un peu sèches, un peu
raides. Elles ont pourtant leur valeur. L'apport de Cherubini consista surtout en l'irrécusable témoignage d'une grande sûreté, d'une grande fermeté
d'écriture, en la constante manifestation d'une science réelle de la polyphonie que le musicien avait acquise dans sa jeunesse et à laquelle nous
devons le fameux traité de contrepoint, épouvante des élèves qui, par
parenthèse, ont souvent le tort de ne pas comprendre que, avant d'enfreindre les lois d'un art, selon le caprice de l'impérieux génie, il faut les
connaître à fond, pour obéir aux nécessités de l'humble talent. Ces fortes
et utiles qualités sont particulièrement frappantes dans les quatuors, dont
certaines pages, hautement pensées, présentent un intérêt indéniable, et
dans les dernières messes, très nobles et très belles, ainsi que le prouvent
bien l'*Ignus* et le *Sanctus* qui ont figuré à l'un de nos programmes. S'il
nous semble douteux que les œuvres de Cherubini reviennent jamais en
faveur, cela parce que seule triomphe du temps l'inspiration libre et originale, il était bon cependant qu'elles ne fussent point omises à l'Exposition
que nous avons eu l'honneur d'organiser.

C'est à notre vif regret que Lesueur n'y a pas eu sa place, car celui-là,

Monsieur le Ministre. a vraiment apporté quelque chose de nouveau à la musique française. Il fut le premier descriptif et l'on ne saurait, sans injustice, lui refuser la gloire d'avoir été le précurseur de notre grand Hector Berlioz. Évidemment, avant lui. on avait, si j'ose dire. peint avec des sons. Les fresques de Gluck sont, à ce point de vue, d'une splendeur incomparable. Mais on n'avait point encore mélangé les teintes, manié la pâte comme le fit ce maître. Lesueur affectionnait les petits tableaux antiques. tableaux de grâce et de séduction auquel il donna un coloris délicieux en mariant la chanson populaire à sa propre inspiration, et où Ruth. Booz, Rachel. Noémie, Deborah et tous les charmants personnages de l'Ancien Testament sont dessinés de naïve et exquise façon. Ses ouvrages religieux. parmi lesquels se trouvent également l'*Oratorio de Noël*, si simple et si délicat, des messes si curieuses et si expressives ont certainement beaucoup servi à l'évolution dont nous suivons les progrès et ont incontestablement continué la tradition dont j'ai indiqué les sources. Une de ces messes est précédée d'une longue ouverture instrumentale où abondent les intentions littéraires et qui, en son temps, produisit une énorme sensation, soulevant, aussi bien dans le monde ecclésiastique que dans le monde artistique, d'interminables discussions. Lesueur défendit vigoureusement ses idées en une sorte de manifeste portant ce titre très significatif : *Exposé d'une musique une. imitative et particulière à chaque solennité*. Le compositeur voulait élargir considérablement le rôle de l'orchestre, adjoindre au texte chanté un commentaire symphonique qui guidât l'auditeur, le mît dans l'atmosphère même de l'œuvre, lui traçât des figures, des paysages, l'aidât, en un mot, à vivre cette œuvre pendant qu'elle était exécutée. Je ne prétends pas que, du coup. Lesueur ait atteint à la perfection. Ses essais dans ce genre sont souvent gauches, incomplets et maladroits, mais il ouvrit une route où d'autres, mieux outillés que lui, passèrent heureusement. Nous ne devons pas l'oublier. Ce souci de la couleur locale. dont témoignent ses morceaux d'église, se retrouve dans ses pièces de théâtre. Là aussi se montre l'ingéniosité harmonique de l'auteur, qui imagina, sur l'enchaînement des accords, sur la modulation. une théorie bien conforme à ses tendances générales. Un désir d'innover se manifeste partout. Le plus typique des opéras de Lesueur est *Ossian* ou *Les Bardes*. Certes, l'influence de Gluck y domine dans les récitatifs de fermeté. de justesse superbes d'ailleurs. Mais quel mouvement, quelle émotion, quelle noblesse. quelle grandeur en nombre de ses morceaux d'étonnante originalité! Au sortir de la première représentation, Paisiello écrivait au compositeur de ce bel ouvrage : ʺVous avez eu l'art de faire chanter comme on parle en prose. c'est-à-dire en donnant à votre chant cette progression de voix qu'on donne en parlant en prose. Tel est l'art de la musique; à mon avis, c'est l'imitation de la nature.... » S'inspirer de la nature, la peindre au mieux, traduire les impressions qu'il en reçut. voilà. en effet, ce que voulut Lesueur. Ce fut un révolutionnaire. quant aux moyens du moins qu'il employa pour arriver à son but et il ne rêva jamais que réformes. A demander, sans l'obtenir, celle du Conservatoire, il perdit sa place d'inspecteur de notre école et connut la misère. J'ai cru devoir rendre hommage à sa mémoire, indiquer brièvement la part qu'il prit à la marche en avant des idées. Lorsqu'il disparut, les ouvertures des *Francs-Juges* et du *Roi Lear*, la *Symphonie fantastique*, *Lélio*, les *Huit scènes de Faust*, *Harold en Italie* existaient déjà et Berlioz luttait. La musique moderne était née.

Avant d'entrer dans la période romantique, il me faut. Monsieur le Ministre, retourner un peu en arrière. A l'Opéra-Comique, au commencement du xixe siècle, les compositeurs français se succédaient, trop nombreux pour qu'il nous fût possible de mettre tous leurs noms sur nos programmes. C'était Berton, qui occupa une grande situation, qui écrivit *Montano et Stephanie* et qui est très oublié; c'était Rodolphe Kreutzer. le violoniste, que la dédicace d'une sonate de Beethoven immortalisa; c'était Dalayrac, que nous devons vénérer, puisque sa fameuse romance : *Quand le bien aimé reviendra*, changée en cantique de première communion, décida de la vocation artistique de l'auteur des *Troyens*; c'était Boïeldieu, dont nous avons joué l'ouverture de *La Fête du Village voisin* et qui, avec *La Dame Blanche*, exquis petit chef-d'œuvre d'ailleurs, fixa un instant, par le prodigieux succès obtenu, la forme du genre.

En cette partition, qui fit justement époque et qui, comme ces menues pièces de musée que l'on soigne, que l'on conserve, que l'on couche respectueusement dans des vitrines, mérite de rester au répertoire, Boïeldieu mit beaucoup de vivacité aimable, d'adresse légère, de charme galant, de sentimentalité spirituelle et même de poésie mélodique, harmonique et instrumentale. Une conversation qu'il eût avec Berlioz et que celui-ci rapporte en ses Mémoires résume admirablement les idées du vieux maître. Le jeune homme, déjà guerroyant, indépendant et sincère, venait de manquer le prix de Rome. Son juge lui dit : « Comment approuverais-je vos tendances, mon enfant, moi qui aime par-dessus tout la musique qui me berce? On peut toujours être gracieux.... » Le sujet de la cantate était Cléopâtre mordue par l'aspic.

Les idées de Boïeldieu s'accordaient à merveille avec celles des spectateurs de ce temps. On souhaitait alors, sans doute pour oublier les cris furieux, les chants graves des révolutions, être bercé, même dans les situations les plus violentes et les plus terribles, par le doux ronron inoffensif des musiques gracieuses. *La Dame Blanche*, avec son joli titre romanesque, évitant l'expression des sentiments excessifs, restant sur le ton de la comédie tempérée, gardant des ouvrages précédents une évidente tenue d'art et témoignant d'une grande fraîcheur d'inspiration, devait réussir immédiatement. C'est ce qui arriva. La fermeté, la virilité du frémissant *Richard Cœur de Lion*, de l'austère *Joseph* se changeaient en des qualités plus séduisantes mais moins fortes, qualités que l'on retrouve, rehaussées par des couleurs nouvelles, sinon accrues par un style original, dans l'œuvre d'Hérold, où nous avons choisi naturellement la vive et typique ouverture du *Pré aux Clercs*. Ces deux maîtres, Boïeldieu et Hérold, le premier supérieur au second, musicalement, ne souhaitaient point les batailles et les aventures. Ils désiraient plaire, ne s'en cachaient pas et obéissaient au goût du public plutôt qu'ils n'imposaient leur volonté à la foule. Les autres maîtres, ceux qui les précédèrent, agirent différemment, nous l'avons vu par les déclarations qu'ils voulurent ajouter à des actes cependant assez significatifs, déclarations dont j'ai tenu à reproduire quelques-unes ici, afin de bien déterminer la dette de reconnaissance qu'il nous faut contracter envers certains de nos ancêtres qui, par leur courage, leur audace, leur foi en l'avenir, leur amour de la vérité et de la liberté, nous ont, bravant les injures, les haines et les coups, conquis un empire. Peu à peu, on oubliait la grande leçon de Gluck. Peu à peu, aussi, on se laissait aller à subir encore l'influence du terrible dissolvant : la mauvaise musique italienne.

De la *Serva Padrona* à *Semiramide*, à *Otello,* quelle décadence! Quand il écrivit en toute sincérité douloureuse son unique partition de théâtre, quand il composa en toute tendresse mélancolique son *Stabat*, afin, j'imagine, de glorifier dans la mère la femme à qui il devait ses chagrins, Pergolèse continua simplement et noblement l'admirable tradition mélodique de sa race, tradition à laquelle d'ailleurs aucun peuple n'est resté indifférent. Il fut le digne continuateur non pas de Palestrina, dont l'œuvre, point continué, je le répète, est de beauté presque purement harmonique, mais de Carissimi, de Stradella, de Marcello, les véritables créateurs de la mélodie italienne, de la mélodie latine, sœur de la mélodie française.

La mélodie, Monsieur le Ministre, on a reproché souvent à nos jeunes maîtres de la dédaigner, de la mépriser, de l'exclure de leurs symphonies et de leurs drames lyriques. Je ne crois pas me tromper en vous affirmant que, au contraire, ils l'aiment, l'honorent et la recherchent, la voulant mettre partout, aussi bien dans la riche polyphonie de leur orchestre que dans le mariage heureux de leurs voix. La mélodie, mais c'est l'inspiration même jaillie, superbe, du cerveau de l'artiste, et je suppose qu'ils la considèrent un peu à la façon de Thomas Carlyle qui en a donné cette si belle, si émouvante et si juste définition :

« Une pensée musicale est une pensée parlée par un esprit qui a pénétré dans le cœur le plus intime de la chose, qui en a découvert le plus intime mystère, c'est-à-dire la *mélodie* qui gît cachée en elle: l'intérieure harmonie de cohérence qui est son âme, par qui elle existe et a droit d'être, ici, en ce monde. Toutes les plus intimes choses, pouvons-nous dire, sont mélodieuses, naturellement s'expriment en chant. La signification de chant va profond. Qui est-ce qui, en mots logiques, peut rendre l'effet que la musique fait sur nous? Une sorte d'inarticulée et insondable parole qui nous amène au bord de l'Infini et nous y laisse quelques moments plonger le regard !.... »

Quand il improvisa en toute hâte fébrile ses innombrables opéras (j'en excepte les deux immortels et étonnants chefs-d'œuvre : le délicieux *Barbier de Séville*, où l'éternelle gaieté rit et se moque, et le pathétique *Guillaume Tell*, où l'éternelle souffrance crie et se révolte, chefs-d'œuvre qui rendirent son nom impérissable mais n'empêchèrent point ses autres partitions d'être néfastes), Rossini entendait différemment la mélodie. Il ne cherchait qu'à se concilier à n'importe quel prix les bonnes grâces de ses spectateurs, qu'à les amuser par des exercices de virtuosité, des tours de force dénués de la moindre valeur musicale, du moindre sens dramatique. Il fit de ses interprètes des équilibristes, des clowns, des jongleurs à qui il prêta son incomparable adresse et changea les scènes dont il s'empara en des estrades appropriées à tous les intermèdes. Il mit le concert au théâtre. et quel concert! Lorsque son chant ne se hérissait pas d'incompréhensibles vocalises, il était le plus souvent en contradiction formelle avec les mots, les idées, les personnages, les situations auxquels il s'appliquait. Jamais la nature, la vérité, la vie, ces trois grandes conseillères de nos glorieux maîtres, ne furent à ce point méconnues. Aidé de Donizetti et de Bellini, Rossini sema chez nous une graine détestable qui, hélas! germa. Livré à ses pires instincts, le public se plongea avec une extraordinaire joie dans la volupté nouvelle des mauvaises musiques. Bientôt il exigea de nos compositeurs la soumission à ses goûts de sensualité et de frivolité, et quelques-uns de ceux-ci eurent la faiblesse de consentir à déchoir de la sorte. C'était le renversement complet de l'habituel ordre des choses. Jusque-là — je me suis attaché à le montrer — l'artiste s'efforça d'imposer sa vofonté à la foule. Ce fut de cette seule façon qu'il put être créateur, et, en dépit des premières défaites, braver tranquillement les ans. Dès qu'il obéit au lieu de commander, il dut se résigner à n'être qu'imitateur et, malgré les suprêmes succès, à tomber vite dans l'oubli. Qui donc aujourd'hui éprouverait plaisir ou émotion à entendre *Sémiramis*, *Lucie de Lammermoor* et *La Somnambule* et qui ne frémit et pleure en écoutant *Orphée*, *Iphigénie* et *Alceste* !

Moins génial que Rossini, — car celui qui, j'y insiste, a écrit *Le Barbier de Séville* et *Guillaume Tell* fut incontestablement un homme de génie — mais doué d'une conscience plus haute et plus ferme, Spontini, sans renier en rien les anciennes traditions de sa race et restant Italien, mélodiquement parlant, était, lui, devenu gluckiste en même temps que Français. Il avait élargi considérablement la forme et le cadre de l'opéra en donnant une ampleur inaccoutumée aux ensembles vocaux, en imaginant toute une pompe décorative qui prêtait à ses œuvres un indéniable éclat. *Fernand Cortez*, *La Vestale*, dont nous avons joué le célèbre final du second acte, témoignent au mieux de ces tendances. Il voyait vaste et vrai. Cependant, avec une grande naïveté mêlée à un grand orgueil, Spontini croyait qu'il était impossible d'aller plus loin que lui dans la voie de l'innovation dramatique, et cela il l'affirma un jour sérieusement à Richard Wagner qui dut en sourire, car il savait bien, j'espère, que nul ne serait jamais capable d'arrêter l'art en sa marche incessante vers le progrès et l'avenir. Spontini garda cette belle assurance jusqu'à son heure dernière. Il agonisait et criait à Berlioz qui l'assistait affectueusement : « Je ne veux pas mourir, je ne veux pas mourir ! » Pour le consoler, son ami lui dit : « Comment pouvez-vous penser mourir, vous, mon maître, qui êtes immortel ! » Et le vieillard lui répliqua sévèrement et furieusement : « Ne faites donc pas d'esprit ! »

L'exagération de sa foi en soi, en son œuvre, tenait surtout à l'horreur qu'il éprouvait pour Rossini d'abord et aussi pour Meyerbeer qui, venu de Berlin à Paris, en passant par l'Italie, ne craignait pas de marcher sur les traces de l'auteur d'*Otello*. Riche, indépendant et fort, armé du plus brillant et, je dois le reconnaître, du plus robuste talent, Meyerbeer, avec de la patience, de la hardiesse et de la décision, eut facilement soumis la foule à sa royauté légitime d'artiste convaincu. Il préféra se soumettre, lui, aux lois arbitraires du public versatile. Afin d'obtenir l'effet, il choisit des pièces à somptueuse mise en scène, où le ballet, pas souvent justifié, avait une importance attractive considérable, où le spectacle était une distraction continuelle pour ceux qui n'aimaient pas la musique, et à cha-

cune desquelles il ajoutait une partition qui contenait toujours, pour satisfaire, pour se concilier les autres, des morceaux d'un coloris instrumental et vocal éblouissant, d'une extrême vigueur d'écriture, d'un sentiment
dramatique intense. Dans ses œuvres, la virtuosité occupa malheureusement une place sinon prépondérante, du moins beaucoup trop grande et
son influence fut plus mauvaise encore que celle de Rossini parce qu'elle
dura plus longtemps. Son succès prodigieux affola quelques-uns de nos
compositeurs, déjà troublés par celui des Italiens, et certains d'entre eux
ne purent se défendre de l'imitation. Ces succès irritaient, indignaient
profondément Spontini, qui croyait que, pour les enrayer, il suffisait d'opposer aux nouveaux venus le passé glorieux de ses ancêtres et le sien. Il
se trompait et seul l'avenir devait triompher du présent. A la vérité, malgré sa réelle valeur, son entêtement superstitieux, il n'était pas de taille à
lutter contre d'aussi redoutables adversaires. Il fallait qu'un homme de
trempe supérieure, de bravoure exceptionnelle, de caractère nettement
combatif se levât, qui, dans un coup d'audace et de génie, bouleversât
totalement l'état des choses. Cet homme, que je ne suis pas loin de considérer comme providentiel, fut Hector Berlioz.

La musique française, étouffée sous les fioritures parasites du chant
orné, pâlissait, se rapetissait, s'étiolait. La symphonie allait la régénérer.
En fondant la Société des concerts du Conservatoire, en faisant exécuter
pour la première fois chez nous les souveraines pièces instrumentales du
divin Beethoven, pièces si vivantes, si émouvantes, si humaines qu'elles
forment vraiment des drames sans paroles, Habeneck avait montré quelle
poésie nouvelle pouvait magnifier le langage des sons. Cette poésie s'accordait merveilleusement avec les tendances romantiques qui commençaient
à se manifester ici, aussi bien en littérature qu'en peinture, et auxquelles,
pour obéir à la grande loi de fraternité des arts, une de nos meilleures
sauvegardes, la musique ne devait pas rester étrangère. Hugo. Delacroix,
Berlioz, voilà la Sainte-Trinité de cette époque de généreuses batailles.
Tout d'ailleurs prédisposait ce dernier au rôle glorieux qu'il a joué : son
enfance sentimentale, sa jeunesse ardente, ce qu'il appelait lui-même son
tempérament volcanique, ses beaux enthousiasmes et ses nobles aversions,
ses colères et ses tendresses, sa fantaisie épique, sa colossale imagination,
son hautain mépris de la banalité, de l'argent et des mauvais succès, son
amour également passionné de la réalité et de l'au delà, de la vie et du
rêve. Ce fut grâce à ce double amour que Berlioz eut l'ambition d'ajouter
aux neuf muses beethoveniennes une dixième, fille de l'idéal et de la nature, de son âme et de son esprit. Comme Adam de la Halle s'était mis

tout entier dans ses « Jeux », — vous vous le rappelez, Monsieur le Ministre, — il se mit tout entier dans sa *Symphonie fantastique* qui, bien que
très révolutionnaire par certains côtés, n'en continuait pas moins la tradition de notre race, tradition dont rien n'altérera jamais, de siècle en siècle,
le caractère d'absolue franchise. Ce jeune musicien impressionnable à
l'excès qui, dans les cinq parties de cette symphonie, dans les cinq décors
changeants de cette œuvre, passe par les mille alternatives de la tristesse
et de la joie, des rires et des larmes, du bonheur et de la douleur, de la
confiance et de la jalousie, de la lumière et des ténèbres, de l'admiration
et de l'exécration, du silence et du tumulte, du grotesque et du sublime,
de la terre et de l'enfer, c'est lui-même et, mieux encore, c'est l'artiste de
son temps. Toute une époque de notre France intellectuelle surgit de cet
orchestre frémissant, rugissant, grinçant, fou, si vous voulez, mais superbe
et sincère. L'orchestre, avec ses grandes houles d'harmonies et de mélodies, avec sa richesse inépuisable, sa diversité miraculeuse, voilà le moyen
d'expression sonore qui, seul, pouvait correspondre exactement à l'étrange,
inouïe somptuosité de mots et de couleurs des livres et des tableaux
d'alors.

L'orchestre, Hector Berlioz lui donna une importance qu'il n'avait jamais eue avant lui; il en fixa magistralement l'esthétique dans son Traité
d'instrumentation, conçu à un point de vue presque essentiellement littéraire;
il le fit parler de façon aussi originale qu'éloquente, élargissant la route ouverte par Lesueur. Il utilisa chacun de ses timbres, chacun de ses bruits
même, d'une manière étonnamment personnelle, manière tantôt poétique,
tantôt réaliste. Il intéressa les exécutants à leur tâche, leur demanda d'être
non plus des ouvriers à la journée ou au mois, mais, en quelque sorte,
des collaborateurs, communiquant leur propre émotion au public. L'orchestre, c'est la symphonie, la symphonie libre, nullement asservie aux
formes du genre et applicable à toute composition. La symphonie, Berlioz
la mit dans l'Ouverture, suivant en cela, il est vrai, l'exemple de Mozart,
de Beethoven et de Weber, mais il fut le premier à la mettre dans les
vastes drames de concert dont la *Damnation de Faust*, cet éblouissant et miraculeux chef-d'œuvre. *Roméo et Juliette*, ce magnifique chant d'amour et
de mélancolie, d'où nous avons extrait pour nos auditeurs la partie capitale : la fête chez Capulet, sont les types achevés. Et il la mit aussi,
comme nul n'avait encore osé la mettre, dans la musique religieuse, faisant de son *Requiem* une énorme fresque d'incomparable puissance, de
fulgurant éclat, et de l'*Enfance du Christ* une menue peinture de douceur
adorable, d'ingénuité délicieuse; il la mit dans l'art populaire, ainsi qu'en
témoigne son extraordinaire *Apothéose des victimes de Juillet*, dont Ri-

chard Wagner, peu tendre cependant pour son illustre rival, a dit « qu'elle exalterait les courages tant que durerait une nation portant le nom de France »: il la mit partout, sauf dans l'opéra, où le destin réservait au prodigieux poète de la *Tétralogie* l'honneur de la placer à son rang.

Si Berlioz a été là moins révolutionnaire qu'ailleurs, cela vient de son ardente et fervente admiration pour Gluck. Il tenait les *Orphée*, les *Alceste*, les *Iphigénie* pour des ouvrages à ce point définitifs qu'il n'osa pas en changer très sensiblement la forme quand il écrivit *Les Troyens*. Il y avait au fond du grand révolté un grand respectueux, et rien que le choix du sujet de sa tragédie était un retour aux adorations classiques de sa jeunesse. — Il a raconté que, un jour, en traduisant Virgile, il s'évanouit d'émotion. — Il pensait, en outre, que, au théâtre, la simplicité, la clarté étaient particulièrement nécessaires, et le système dramatique de Wagner, qui commençait à bouleverser le monde musical, le troublait, le déroutait de telle façon qu'il jugea ainsi le prélude de *Tristan et Iseult* : « J'ai lu et relu cette page étrange; je l'ai écoutée avec l'attention la plus profonde et un vif désir d'en découvrir le sens: eh bien, il faut l'avouer, je n'ai pas encore la moindre idée de ce que l'auteur a voulu faire. » Une pareille incompréhension, de la part d'un homme d'esprit si haut, si ouvert et si indépendant, n'excuse-t-elle pas les longues résistances de la foule, toujours rebelle à l'innovation? Berlioz se borna donc, dans *Les Troyens*, à suivre le droit chemin tracé par le maître dont il y avait courage, du reste, à adopter alors les doctrines, âprement combattues alors par Rossini et Meyerbeer. Mais combien il élargit ce chemin et quelles bonnes graines il sema dans les champs voisins qu'il défricha. Cette colossale partition, encore mal appréciée, généralement, à la minute où nous sommes, est d'une noblesse, d'une virilité, d'une beauté supérieures. D'essence absolument française, vivante, éloquente, émouvante, elle contient, je le crois, quelques-uns des éléments d'une nécessaire renaissance pour le siècle où nous allons entrer. Je dirai plus loin la manière dont, à mon avis, cette renaissance se prépare et ce que nous devons en attendre. Dès maintenant nous voyons que Berlioz, continuateur des traditions nationales en même temps qu'artiste de progrès, en fut un des meilleurs ouvriers. Pour cela, il endura les pires souffrances, souffrances qu'il eut raison de consigner dans le douloureux et superbe livre de ses *Mémoires*, qui est un livre d'enseignement et de justice à la fois. Insulté, méconnu d'abord, parce que génial sans doute, il appartient ainsi doublement à la famille glorieuse dont j'ai eu à cœur d'honorer les principaux membres. Pour n'avoir pas caché ses convictions, il lui fallut renoncer au succès qui ne vint qu'après sa mort. Il écrivait bravement et sincèrement :

« La musique, aujourd'hui dans la force de sa jeunesse, est émancipée, libre ; elle fait ce qu'elle veut.

« Beaucoup de vieilles règles n'ont plus cours ; elles furent faites par des observateurs inattentifs ou par des esprits routiniers, pour d'autres esprits routiniers.

« De nouveaux besoins de l'esprit, du cœur et du sens de l'ouïe imposent de nouvelles tentatives, et même, dans certains cas, l'infraction des anciennes lois.

« Diverses formes sont trop usées pour être encore admises.

« Tout est bon d'ailleurs ou tout est mauvais, selon l'usage qu'on en fait et la raison qui en amène l'usage.

« Dans son union avec le drame ou seulement avec la parole chantée, la musique doit toujours être en rapport direct avec le sentiment exprimé par la parole, avec le caractère du personnage qui chante, souvent même avec l'accent et les inflexions vocales que l'on sent devoir être les plus naturels du langage parlé.

« Les opéras ne doivent pas être écrits pour des chanteurs ; les chanteurs, au contraire, doivent être formés pour les opéras.

« Le maître reste le maître ; c'est à lui de commander.

« Le son et la sonorité sont au-dessous de l'idée.

« L'idée est au-dessous du sentiment et de la passion... »

Un tel code, vous le voyez, Monsieur le Ministre, ne diffère pas très sensiblement de celui des Rameau, des Gluck, des Grétry, des Méhul, autres révolutionnaires à leur façon. Appliqué avec autant de fermeté que de loyauté, aussi bien à la courageuse et combative critique qu'à l'œuvre admirable de son auteur, il valut à celui-ci, jadis, toutes les haines, toutes les perfidies, toutes les traîtrises imaginables. Il lui vaut maintenant la reconnaissance émue des générations nouvelles dont il a formé le goût et assaini le jugement, à qui il préparait des joies d'art incomparables.

Pendant que Berlioz luttait patiemment contre l'erreur momentanée de la foule et semblait vaincu, des compositeurs se hâtaient de prendre position selon les impérieuses exigences de la mode et paraissaient triompher. J'en citerai quelques-uns : Adolphe Adam, qui, après s'être permis de retoucher *Richard Cœur de Lion*, tantôt improvisait *Le Postillon de Lonjumeau*, tantôt dépoétisait les ballets de Théophile Gautier, rabaissant ainsi un genre charmant que certains maîtres d'à-présent ont, par bonheur, réhabilité : Fromental Halévy, qui donna une quarantaine d'opéras-comiques ou d'opéras desquels reste une page vraiment inspirée : la scène de la

Pâque de la *Juive*, belle, évidemment, parce que, israélite, il y mit un peu de sa foi, de son âme, de sa vie ; Victor Massé, incessant producteur, qui laissa dans le petit acte des *Noces de Jeannette* le meilleur échantillon de sa manière ; Aimé Maillart, qui sut se borner à six partitions, dont une, *Les Dragons de Villars*, obtint un succès tel que, hier encore, elle possédait un public. Nous n'avons pas cru qu'aucun d'eux dût avoir une place sur nos programmes et, pour représenter la musique particulièrement en vogue à la fin du second Empire, nous avons choisi Auber et l'ouverture de *Lestocq*.

Celui-là, avec ses rythmes sautillants, ses mélodies faciles, sa verve entraînante, sa grâce légère, sa finesse avisée, caractérisa merveilleusement l'époque de frivolité, d'insouciance, d'amusement dont il fut l'artiste-roi. Auber était alors considéré comme «le chef incontesté de l'école française», car on avait déjà la bizarre et innocente manie, à ce moment-là, d'incorporer d'office en des régiments illusoires commandés par de fictifs colonels la plus libre, la plus insoumise, la plus justement fière catégorie de citoyens. L'auteur de *Fra Diavolo* et de *La Muette de Portici*, désigné à la direction du Conservatoire par sa grande notoriété, par ses immenses succès, a pu assez bien exprimer en musique non pas ce que l'on a appelé de tout temps l'esprit gaulois, car il n'avait pas la force heureuse et joyeuse, le large rire, la robuste fantaisie, mais ce que l'on appelait alors l'esprit français. Spirituel, il l'était infiniment et dans sa manière d'écrire et dans sa façon de vivre. Il ne voulait ni s'ennuyer ni s'attrister ni ennuyer ni attrister les autres, et il divertissait la foule avec l'esprit dont il se divertissait lui-même. Ce n'est point par l'esprit seul cependant que se manifeste le génie de notre race. Le sentiment de la nature, l'éloquence du cœur, qui manquèrent presque absolument à Auber, sont, nous l'avons vu, nos qualités primordiales.

Le sentiment de la nature, Félicien David le posséda d'étrange sorte. Nos campagnes, nos champs, nos bois, nos fleuves ne lui avaient causé nulle émotion. Il fallut que, fervent égalitaire, expulsé de France après le procès des saint-simoniens, il allât en Orient pour trouver sa voie. Le silence du désert, son calme et ses orages, ses journées et ses nuits, ses lentes caravanes, ses chants, ses danses, ses cris, ses appels, la rêverie de ses soirs, la poésie de ses matins lui inspirèrent une des œuvres les plus typiques, les plus charmantes que je sache. Là, il fut évidemment moins musicien que peintre, se bornant à noter des impressions directement reçues sans y ajouter aucun commentaire symphonique, mais il témoigna d'une sincérité qui le tira du rang et lui valut, à son retour à Paris, une légitime renommée. Ces impressions il essaya de les utiliser dans *Lalla-Roukh*, qui n'est qu'un diminutif de son *Désert*, et dans des partitions moins originales encore où sont cependant quelques jolies pages: je n'en veux pour preuve que la scène *d'Herculanum* qui a été jouée à nos concerts. Félicien David, que l'on pourrait rattacher à l'école de Lesueur, fut plus réaliste que celui-ci en son orientalisme. Il eut d'innombrables imitateurs, ce qui montre bien son individualité. Au demeurant, sa place était marquée à notre Exposition.

L'éloquence du cœur, c'est la belle vertu qui fit entrer dans la gloire Charles Gounod. Cette vertu fut pour lui, au début, la cause d'une assez longue série d'insuccès. Elle devint ensuite la raison dominante de son triomphe. Il fallait avoir, en effet, il y a quarante ou cinquante ans, une ferme audace pour oser parler sincèrement d'amour aux « gens d'esprit » qui formaient alors la majorité du public et même des artistes. Gounod eut cette audace, et ne rencontra, à son entrée dans la carrière, que dédain et incompréhension. Peu à peu, cependant, il obtint qu'on l'écoutât et, peu à peu, il conquit les âmes, les âmes féminines d'abord, dont il s'empara une à une et qui lui amenèrent bientôt les autres. Nous nous le rappelons tous, non pas précisément en sa vieillesse, car il ne donna jamais l'impression d'un vieillard, mais vers la fin de sa vie, régnant comme seul peut régner dans une réunion mondaine le musicien victorieux qui, là, vous l'avez certainement remarqué, Monsieur le Ministre, ne manque jamais d'éclipser, par l'espèce d'attirance surnaturelle, par la singulière fascination qu'il exerce, les plus grands peintres, les plus grands littérateurs, les plus grands savants, les plus grands souverains de l'idée. Il passe évidemment, aux yeux de ceux et surtout de celles dont il capte ainsi l'attention, pour un être mystérieux et ensorceleur, d'essence très spéciale. Quand Gounod se levait du coin d'un salon, traversait les rangs de ses admirateurs et de ses admiratrices et s'asseyait devant le piano, un frémissement courait. Sa main se posait sur le clavier avec une telle autorité que, dès la première note vibrant dans le silence brusquement obtenu, les regards des assistants ne pouvaient se détacher de l'étrange et superbe apparition. La tête monacale du maître, tête à la longue barbe blanche, au large crâne tonsuré, s'éclairait de l'ardente lueur de deux yeux magiques, tandis que les lèvres fortes et charnues, d'une extrême sensualité, sans paroles, ordonnaient d'écouter. Et les hommes comme les femmes restaient dans l'extase, subissant le charme irrésistible du chant mâle et doux à la fois qui les prenait.

Quelques jeunes compositeurs d'aujourd'hui ont changé cette sorte d'adoration passionnée et superstitieuse en une espèce de haut dédain méprisant qui n'est qu'un retour à l'incompréhension de jadis. Je ne les approuve point, car Gounod a travaillé pour eux, a contribué, par ce qu'il a apporté de nouveau, à leur aplanir la route. Sans doute y a-t-il en son œuvre une certaine part réservée à la virtuosité. L'air à vocalises qu'il a écrit pour chacune des héroïnes de ses pièces est évidemment une inutile concession au mauvais goût d'une époque. C'est aussi une galanterie faite à la cantatrice admirable et despotique qui, avant d'interpréter les héroïnes, a, probablement, sinon exigé, du moins demandé les airs. Sans doute son inspiration ne fut-elle pas toujours égale. Mais quelle grâce et quelle force en même temps elle eut dans l'expression de l'amour ! Gounod, en effet, reste et restera le musicien amoureux par excellence. Il créa un langage de tendresse, profondément troublant et étonnamment exquis, où, malgré mille caresses harmoniques, mélodiques et instrumentales, n'entra jamais nulle mièvrerie. Il enveloppa ses amants d'une atmosphère de sons qui ajouta une poésie enchanteresse à ce qu'ils avaient déjà de délicieux. C'est dans l'amour que la vive originalité de Gounod se manifesta le mieux, et là sa sincérité fut si grande qu'il prêta ses propres sentiments à la plupart des personnages de ses opéras plutôt qu'il ne chercha à en étudier la psychologie différente. Pourtant il déclarait ceci dans ses Mémoires : « L'art dramatique est un art de portraitiste : il doit traduire des caractères comme un peintre reproduit un visage ou une attitude ; il doit recueillir et fixer tous les traits, toutes les inflexions si mobiles et si fugitives dont la réunion constitue cette propriété de physionomie qu'on nomme un personnage. La musique dramatique est soumise à cette loi hors de laquelle elle n'existe pas. Son objet est de spécialiser des physionomies. » Rien de plus juste en principe, mais le compositeur, emporté par son tempérament, n'observa pas à la lettre la théorie de l'écrivain. Roméo, Vincent, Faust, Juliette, Mireille, Marguerite n'ont qu'un seul et même cœur, le cœur de Gounod, qui, en eux et en elles, a souffert, a palpité, a aimé. Ne nous plaignons pas de ce qui n'est, au demeurant, je le répète, qu'un excès de sincérité.

Gounod, qui, en sa jeunesse, porta la soutane et la jeta aux orties, garda de son passage dans les ordres un réel penchant pour la musique religieuse et mêla toujours le sacré au profane. Il mit une sorte de mysticisme en ses chants d'amour, et je crois bien que cela fut pour beaucoup dans l'effet physique qu'ils produisirent sur la foule et notamment sur les femmes. Sans parler des scènes liturgiques de ses opéras : le baptême de *Polyeucte,* le mariage de *Roméo et Juliette,* il se dépensa en nombre de messes et oratorios. *Rédemption*, *Mors et Vita* ont autant de grandeur que de simplicité. Et quel sentiment de la nature il possédait ! Dans une de ses premières œuvres, *Ulysse*, dont nous avons joué les principaux fragments, il est certain chœur de naïades, accompagné par un orchestre étincelant, miroitant comme le soleil sur les eaux tranquilles, qui vaut les plus adorables paysages. Parmi ses *lieder*, si expressifs et si mélodieux, *Le Soir* et *Le Vallon* sont des tableaux de plein air d'inoubliable poésie. Et le berger de *Mireille* et le pâtre de *Sapho* ne nous apportent-ils pas le vivant parfum des campagnes de Provence et de Lesbos ? Les a-t-on assez copiés, d'ailleurs, et a-t-on assez imité la manière du maître ! Pendant longtemps, on « a fait du Gounod », de même que, pendant longtemps, ensuite, on « a fait du Massenet ». C'est la contribution que les riches doivent se résoudre à accorder éternellement aux pauvres. L'éloquence du cœur, vertu dominante de celui à qui il m'a plu de rendre hommage, voisine du reste souvent avec la générosité de l'esprit. Nous venons d'en avoir une nouvelle preuve.

Tandis que *Faust*, au Théâtre lyrique, était, ainsi que l'a écrit malicieusement Charles Gounod, « assez discuté pour que l'on n'eût pas grand espoir d'un succès ». Ambroise Thomas occupait à l'Opéra-Comique la place de triomphateur que lui avait valu, précédé et suivi d'une masse d'ouvrages, *Le Songe d'une Nuit d'Été*, pour lequel le public se passionna immédiatement et particulièrement.

L'auteur de ces ouvrages, travailleur honnête, — je ne mets aucune ironie dans l'emploi de ce terme et j'entends qu'il soit pris ici en sa digne et noble acception — honnête artisan des sons, fut le dernier représentant de cette longue génération de producteurs rapides qui, durant un demi-siècle, avec une infatigable fécondité, alimentèrent nos scènes. Jeté dans la vie militante au temps facile des Auber et des Adolphe Adam, le doux chantre de *Mignon*, qui n'était point un novateur, n'eut d'autre ambition que de suivre la route à lui indiquée par la mode. Avant de trouver dans *Les Années d'apprentissage de Wilhelm Meister* le sujet d'un opéra-comique, Ambroise Thomas improvisa une quinzaine de partitions à peu près toutes tombées aujourd'hui dans l'oubli, mais qui, néanmoins ne sont pas sans offrir à l'historien impartial du mouvement dramatique français un curieux intérêt documentaire, car, paraphées d'une signature aussi importante, elles témoignent utilement de cette prestesse d'écriture, de cette volubilité de pensée qui, dans le domaine de la musique, restent les signes distinctifs de l'époque à laquelle appartiennent les premières œuvres de l'illustre compositeur. Celui-ci pourtant, avant de donner *Mignon*, se recueillit pendant neuf ans et cela est tout à son honneur. Dans cet intervalle, *Tannhäuser* avait été traité à l'Opéra de la façon abominable que vous savez, Monsieur le Ministre, et Richard Wagner était venu commencer chez nous la révolution qui s'achève maintenant et dont je me réserve d'apprécier plus tard les effets. Sûrement, Ambroise Thomas fut troublé par ce qui se passa alors. Son silence attentif puis son œuvre nouvelle, différente des anciennes, quoi que l'on en puisse penser, le montrent bien. *Hamlet* marqua l'étape suprême de la montée au succès, car *Françoise de Rimini* et *La Tempête* n'apportèrent à leur auteur que des désillusions qui le décidèrent à se retirer de la lutte. Ce qu'il fit avec une grande dignité, assistant, renfermé dans un scepticisme un peu mélancolique, à l'évolution de son art, acceptant sans la moindre amertume apparente la victoire des jeunes idées, se cantonnant en sa retraite volontaire avec la belle honnêteté dont il ne se départit jamais.

Avant d'être directeur du Conservatoire, Ambroise Thomas y enseigna longtemps la composition. Il fut ainsi le maître de la plupart des musiciens qui lui succédèrent au théâtre, et il faut dire que ceux-ci ont toujours témoigné à leur professeur une reconnaissance attendrie pour les leçons qu'il leur donna comme pour la liberté qu'il leur laissa de poursuivre leur carrière sans y mettre, par sa puissante influence, la moindre entrave jalouse ou sotte. Mais cette déférence n'incita pas les élèves d'Ambroise Thomas à s'inspirer du style ou de la manière dont ils avaient sous les yeux les exemples directs. Leur bible, à ces débutants de jadis, ne fut ni *Mignon* ni *Hamlet* mais plutôt *Faust* ou *Roméo et Juliette*. On a « fait du Gounod », je le répète : on n'a jamais « fait de l'Ambroise Thomas ». C'est que le style et la manière de l'auteur du *Caïd* furent éminemment impersonnels et, par cela même, impossibles à imiter. C'est que si Ambroise Thomas, rival affectueux de Gounod, parut surpasser d'abord son ami dans la faveur des premières foules, il ne l'égala pas en réalité devant le vrai grand public des heures de raison qui, avant tout, demande à ses artistes de lui ouvrir la porte de l'inexploré, de l'émouvoir par quelque sensation inconnue, de lui révéler, à travers le prisme magique de leurs œuvres, une âme audacieuse, volontaire, ingénument nouvelle. Ambroise Thomas, gardant, en la marche des années, le culte des traditions de son enfance, trouva là, sans doute, de fortes et intimes joies consolatrices. Le durable succès de *Mignon*, dont on célébra si solennellement la millième représentation, aurait, du reste, suffi à auréoler de bonheur la fin du probe et droit vieillard.

Cependant, si Ambroise Thomas ne fut un réformateur, ni au sens combatif ni même au sens sédentaire du mot, il faut reconnaître que certaines parties de ses derniers ouvrages sont empreintes d'une poésie parfois touchante et élégiaque, comme l'attestent quelques scènes de *Mignon*, parfois large et grandiose, ainsi qu'en témoignent les tableaux de l'Esplanade et de l'Oratoire d'*Hamlet* et l'acte de l'Enfer de *Françoise de Rimini*, que nous avons exécuté et qui, à l'un des festivals de l'Opéra, valut au vieux maître l'ovation magnifique à laquelle, raconte-t-on, il fut si sensible qu'il en est mort. Cette poésie n'existe pas seulement dans la trouvaille plus ou moins heureuse de la mélodie, dans la contexture plus ou moins élégante de la ligne du chant, elle circule aussi à l'orchestre, en colorant de façon assez particulière les timbres, en accouplant non sans charme les instruments. Il faut aussi dire que *Mignon* et *Hamlet*, ces deux œuvres écrites au début de la révolution musicale, ont subi, au moins de la manière que je viens d'indiquer, l'influence de la poussée si puissante qui, en trente ans, bouleversa le théâtre, passionnant les foules, remuant les cœurs sous un souffle ardent de vérité, faisant la musique française ce qu'elle est aujourd'hui... C'est la période contemporaine qui s'ouvre et dans laquelle nous allons entrer. Auparavant, j'ai cru devoir saluer ici avec respect le travailleur honnête, sincère en son attachement très tendre aux choses de sa jeunesse, dont un ouvrage, joué sur toutes les scènes du monde, y fit triompher un peu de notre pays. Je souhaite que ce souvenir rende doux à la mémoire d'Ambroise Thomas les publics de demain.

Il semble, Monsieur le Ministre, que les épouvantables désastres de la guerre, en jetant sur nous un voile de tristesse et de désolation, aient aboli l'espèce d'insouciance, de frivolité où se plurent pendant un certain temps nos compositeurs. Au lendemain de ces désastres, une génération très nouvelle se leva, fortifiée par la symphonie dont Berlioz avait semé la bonne graine dans le champ que nous verrons s'élargir. Un homme de conviction et de courage, un ouvrier d'inlassable entêtement défricha ce champ, le laboura, en prépara, tant qu'il eut quelque énergie, les glorieuses moissons. Cet homme, c'est Pasdeloup.

Je l'ai connu au déclin de sa vie et je l'ai aimé, car je sentais bien quelle effroyable amertume lui broyait l'âme. On peut dire qu'il est mort de l'excès de sa tendresse pour la musique et du désintéressement dont il a toujours fait preuve envers elle. Je n'oublierai jamais un lointain mercredi d'octobre où, passant sur le boulevard, j'aperçus Pasdeloup, arrêté devant une colonne Morris, qui considérait le côte à côte triomphal des hautes affiches, fraîchement posées, de M. Colonne et de Lamoureux et constatait la première absence, depuis vingt-cinq ans, du petit carré de papier rouge, annonciateur de ses programmes à lui, pauvre être vaincu. Et j'ai la nette souvenance du monocle tombant alors de l'œil, des larmes roulant dans la barbe et de la fuite éperdue de ce gros homme, en deuil de son unique enfant.

C'est cette passion fidèle, exclusive et touchante pour l'art qui fit de Pasdeloup le grand initiateur dont je me reprocherais de ne pas honorer ici la mémoire. Non seulement il dota Paris d'une institution à vrai dire impérissable, puisque les Concerts Colonne et Lamoureux ne sont que la continuation des Concerts populaires, mais il provoqua de la façon la plus directe, la plus active, l'admirable mouvement évolutif de la musique contemporaine. Faut-il rappeler les belles journées de combat où Richard Wagner et Hector Berlioz, au milieu des coups de sifflet, des acclamations, des cris, des huées féroces, des applaudissements frénétiques, étaient imposés à la foule avec une si splendide et si prévoyante bravoure? Faut-il insister sur ce fait qu'à chacune de ces séances un morceau nouveau de quelque jeune compositeur français était joué. Pasdeloup adoptait un moyen très simple et, en même temps, très généreux pour juger les œuvres inédites qu'on lui présentait. Sa répétition du mardi leur était entièrement consacrée. Si ignoré, si obscur que l'on fût, il vous campait devant l'orchestre, vous mettait le bâton de mesure à la main et s'en allait au fond de la salle écouter en toute liberté d'esprit la symphonie qu'on lui avait apportée et qui lui était révélée alors en sa vraie vie instrumentale, dans le grand frisson d'espoir juvénile dont l'auteur l'animait.

Ces manières d'agir ne sont point conformes aux légendes qui nous transmettent l'image d'un Pasdeloup peu accueillant, brutal et grossier. À la réalité, comme tous les tendres, il avait une rude enveloppe en laquelle il s'isolait soigneusement, et il dissimulait avec une pudeur évidente l'extrême sensibilité de son cœur. Cette sensibilité, il ne pouvait pourtant la cacher lorsqu'il conduisait, non sans maladresse, je le reconnais, mais aussi non sans émotion, non sans chaleur, non sans enthousiasme, je l'affirme, sa troupe vaillante et indisciplinée. Ses excellents successeurs eurent le mérite des exécutions sûres, précises, nuancées, dont il se souciait insuffisamment, c'est certain. L'un, M. Édouard Colonne, détermina de magnifique façon le triomphe de Berlioz à Paris; l'autre, Charles Lamoureux, que remplace si dignement M. Camille Chevillard, fut chez nous le plus éloquent porte-parole de Wagner. Pasdeloup, lui, outre qu'il leur prépara la besogne, provoqua — je ne saurais trop le répéter et j'y insiste — le grand beau mouvement de la musique française contemporaine. Parmi les nombreux et glorieux maîtres vivants ou morts qui prirent une part active à ce mouvement, on compterait ceux qui n'ont pas débuté aux Concerts populaires, soit par une ouverture, soit par une suite d'orchestre, soit par une symphonie, soit par un poème instrumental. Nous

avons voulu que chacun de ces genres fût représenté à notre Exposition et
que tous ces maîtres y figurassent à côté des jeunes compositeurs qui sont
la légitime espérance du pays.

C'est d'abord Georges Bizet, Monsieur le Ministre, l'admirable dramaturge, le peintre puissant de *Carmen*. Cette œuvre, drame de saisissante et
frémissante humanité, peinture d'éblouissant et étonnant éclat, restera une
de celles qui témoigneront le mieux dans l'avenir des qualités de notre
race. Elle continue logiquement les traditions nationales, elle les élargit
superbement. Là, en effet, tout est clair, tout est franc, tout est simple,
tout est bref, tout est fort, tout est naturel. La partition s'anime d'une telle
intensité de vie: elle est à la fois si douloureuse et si joyeuse, si spirituelle
et si passionnée, si violente et si tendre qu'elle semble justifier, hélas! la
brusque mort prématurée de notre grand musicien. Bizet l'a écrite avec
son sang et ses larmes, et il s'est arraché le cœur pour le laisser après lui,
vibrant, palpitant et chantant, dans ces pages de magnifique réalisme qui
surprirent le public au point que celui-ci tenta criminellement de les dé-
chirer. Les colères s'étant calmées, la vérité ayant fait peu à peu sa bonne
besogne pacificatrice, il fallut bien accepter comme éminemment lyrique
l'amour du soldat et de la bohémienne que l'on commença par déclarer
absolument incompatible avec la noblesse de notre art. Les temps n'étaient
pas très éloignés où nos scènes devaient s'ouvrir à l'universalité des sujets,
aux souffrances ou aux amusements des petites gens, à l'intimité des
humbles, à la modernité des sentiments et des êtres. Là, donc, tout est
original aussi et cela explique les résistances assez longues des foules que
déroute habituellement l'innovation. Cette originalité, Georges Bizet ne
l'avait acquise que progressivement. Ses ouvrages de début, *Les Pêcheurs
de Perles*, *La Jolie Fille de Perth*, témoignent de l'influence directe et domi-
natrice de Gounod. Dans l'acte délicat de *Djamileh*, dans la vigoureuse ouverture de *Patrie*, sa personnalité s'accuse déjà visiblement. Elle s'affirme
de manière définitive dans la merveilleuse musique de *L'Arlésienne*, musique si mal accueillie d'abord qu'elle parut nuire à la pièce d'Alphonse
Daudet, et si bien comprise ensuite qu'elle immortalisa cette pièce. Tout
Bizet, en effet, est là avec sa vive sensibilité, son émotion profonde, son
sens descriptif et expressif, son art achevé de l'instrumentation, avec, au
demeurant, les qualités hors ligne qui, après que *Carmen* tomba ici sous
l'indignation presque générale, la firent triompher aux quatre coins du
monde, nous la ramenèrent invincible désormais, l'imposèrent à notre
enthousiasme et à notre reconnaissance. Soyons fiers de ces deux beaux
chefs-d'œuvre et ne cessons plus de les honorer.

D'Ernest Guiraud nous avons exécuté le verveux *Carnaval* extrait de la Suite d'orchestre qui, chez Pasdeloup, le mit en pleine lumière et lui prépara son succès de *Piccolino* à l'Opéra-Comique. C'était un compositeur de charme, de grâce, mais non de décision, d'audace: un harmoniste exquis, un professeur remarquable, mais non un dramaturge, encore moins un chercheur d'impressions neuves. Entre le moment où il donna son premier ouvrage de théâtre et celui où il laissa jouer son dernier: *Galante aventure*, *Carmen*, de retour en France, avait bouleversé les habitudes et produit ici — je l'ai dit — une sorte de révolution. Guiraud ne s'en soucia point et, sans aucune conviction, d'ailleurs, j'en suis certain, continua d'adapter à des livrets vieillis des musiques tantôt trop fines et trop jolies, tantôt trop surannées et trop conventionnelles. Ce fut un aimable, un doux, un faible et un timide, qui, pour contenter ses chanteurs, refaisait jusqu'à trois fois, sur la demande de ceux-ci, couplets ou airs; qui, pour s'éviter des discussions avec son directeur, consentait aux remaniements et coupures dont de si nombreuses pièces sont mortes à l'époque où il vivait. C'est à tout cela, je crois, qu'il faut attribuer l'espèce d'oubli vers lequel son nom commence à descendre, oubli non pas de ses amis, qui ont pu apprécier ce qu'il y avait de bon en lui, ni de nous-mêmes, qui lui avons réservé une place sur nos programmes, mais de la foule, qui ne connaît des hommes que ce qu'ils lui laissent.

Il nous a semblé, Monsieur le Ministre, que Léo Delibes devait être représenté à notre Exposition par des fragments d'un de ses ballets. Sans doute, *Le Roi l'a dit* est-il un délicieux et précieux opéra-comique où l'auteur nous apparaît, par son élégance musicale, comme le gai petit-fils de Boïeldieu et, par sa fantaisie bouffonne, comme le fils assagi d'Offenbach. — Il avait gardé de l'amusement qu'il prit à improviser ses menues opérettes de début: *Deux sous de charbon*, *L'Omelette à la Follembuche* et autres, un goût extrême pour la farce et la parodie. — Sans doute y a t-il en *Lakmé* certaines pages de poésie pittoresque et délicate à la fois qui ne sont point à dédaigner. Mais c'est dans ce genre charmant du ballet qu'il fut vraiment original et créateur. Avant lui, la musique de danse n'était presque jamais que la pauvre servante vulgaire des chorégraphes routiniers. Elle aidait docilement aux exercices du saut périlleux, du rond de jambe et du rang d'oignon, et l'on croyait sa banalité utile, nécessaire à l'équilibre d'une œuvre. Combien on se trompait, combien on rabaissait de la sorte cette œuvre et combien en même temps son interprète, la femme, perdait ainsi de sa séduction, de sa force souveraine! La pantomime, la danse, c'est le geste imprécis, c'est le vague et l'irréel, c'est le mystère, c'est le commencement d'un rêve de beauté, de grâce et de volupté, rêve que magnifieront toujours les symphonies et que ne cesseront de profaner les polkas. Delibes, précurseur à sa façon, car, après lui, le ballet français entra dans une période des plus brillantes et des plus heureuses. Delibes, novateur à sa manière, eut le grand mérite d'introduire l'art en un genre où il est absolument indispensable et d'où on l'avait jusqu'alors assez rigoureusement exclu. Les partitions de *Sylvia* et de *Coppélia*, — c'est dans cette dernière que nous avons puisé — jolies, distinguées, spirituelles, chantantes, lumineuses, vives, pleines de trouvailles rythmiques, mélodiques, harmoniques et instrumentales sont des bijoux ravissants qui occupent dans le musée de nos trésors une place de choix. Admirons-les, mais émerveillons-nous d'un autre joyau, celui-là de valeur rare, d'éblouissant éclat et de forme adorable : la *Namouna*, d'Édouard Lalo.

C'est au répertoire courant de l'Opéra que devrait être ce fin chef-d'œuvre de musique de danse qui fut accueilli de façon si hostile et si discourtoise par le public de notre premier théâtre d'État. Les spectateurs à qui on l'offrait pour leur meilleure joie l'entendirent d'abord en grommelant et sans chercher à le comprendre, puis refusèrent de l'écouter. Cela nous semble d'autant moins excusable que l'auteur, qui travaillait lentement et dignement, ayant été averti par un impitoyable directeur qu'il perdrait son « tour » s'il se mettait en retard, s'était surmené à tel point qu'une attaque de paralysie l'avait empêché d'achever sa besogne. Bien que Gounod, qui se montra en cette occasion aussi bon confrère que brave ami, eût affectueusement orchestré les dernières pages de *Namouna*, on les condamna comme les autres et ni le charme indicible des tendres scènes, ni la verve hautaine des intermèdes populaires ne trouvèrent grâce devant la foule maussade. Que reprochait-on donc à Lalo ? Simplement d'être symphoniste.

Mon Dieu oui, Lalo était symphoniste, et je pense qu'il tint sa force précisément de cela même. Non content d'avoir été, en effet, symphoniste dans son exquise *Rapsodie norvégienne*, dans ses concertos et ses diverses pièces instrumentales, il avait composé, outre sa pittoresque et délicieuse *Symphonie espagnole*, que nous avons jouée, une véritable symphonie, très ferme, très claire et très belle. Il fut, avec M. Camille Saint-Saëns et César Franck, l'un des promoteurs de cette glorieuse renaissance française de la symphonie pure qui nous vaut aujourd'hui, de la part de certains jeunes, tant d'œuvres curieuses et remarquables. Après Hector Berlioz, Félicien David et Charles Gounod s'étaient bien essayés dans la symphonie, mais leur tempérament les éloignait de ce genre, et il appartenait aux trois maî-

tres que je viens de citer de créer le mouvement dont nous ne cesserons
guère maintenant de suivre les heureux effets. Édouard Lalo avait fait
exécuter également, toujours comme M. Saint-Saëns et Franck, de nombreux morceaux de musique de chambre, de style sévère et élevé. Il n'en
fallait pas davantage pour le désigner, pour l'imposer à la défiance générale. *Le Roi d'Ys* nous prouve que l'on peut être à la fois symphoniste et
homme de théâtre et, mieux encore, nous convainc de l'utilité qu'il y a à
être symphoniste en même temps qu'homme de théâtre. Le succès de ce
noble et sincère ouvrage, tantôt si vigoureux, tantôt si délicat, succès qui
prit le caractère d'une éclatante réparation, n'efface cependant pas l'erreur
commise à l'égard de *Namouna*, qui, j'ose l'espérer, reprendra prochai-
nement la place qui lui est due à l'Opéra.

En formant ce vœu, je me permets de souhaiter, Monsieur le Ministre,
que justice soit aussi rendue à l'œuvre d'Emmanuel Chabrier. Chez Lalo,
tout est distinction, mesure, tact, ordre et précision. Chez Chabrier, au contraire, tout est emportement, puissance, rudesse, enthousiasme et excès. Qui
ne se rappelle la jovialité tendre, le large rire, la loyale franchise, la prodigieuse exubérance du bon gros garçon des années de lutte devenu brusquement le spectre pâle, maigre et triste que l'on mena, sans qu'il parût
y rien comprendre, à la première représentation, trop tardive, hélas! de
Gwendoline? À force d'attendre cette représentation, le cher grand artiste
perdit l'espoir, le courage et la foi. Un voile noir descendit sur sa raison
et le chagrin le priva définitivement du bonheur de travailler. Le pauvre
homme dut alors abandonner sa *Briséis*, et il subit le martyre affreux et
cruel d'assister pendant de longs mois au lent naufrage de son intelligence.
Quelle douleur nous en éprouvâmes et quelle mélancolie nous en gardons!
Ces deux ouvrages, l'un très complet, heureusement, l'autre, par malheur, inachevé, comptent, Monsieur le Ministre, parmi ce que la musique
française offre de plus typique et de plus beau. Emmanuel Chabrier y a
mis toutes les viriles qualités de son cœur. Les voix y chantent avec une
passion exaspérée; l'orchestre y déchaîne ses hurlantes tempêtes avec une
force superbe: les sons et les couleurs s'y marient et s'y heurtent de manière étrangement et magnifiquement poétique; l'éclat, la fantaisie, la
verve de l'étincelante partition d'*Espana*, que nous avons exécutée à l'un de
nos concerts et qui est la seule que l'on rejoue de temps en temps, s'y
mêlent à une grâce tantôt voluptueuse, tantôt malicieuse, à des délicatesses
vraiment exquises: la vie, la vie ardente et charmante, jeune et libre, y
règne en souveraine admirable et adorable. Faut-il donc davantage pour
vaincre l'indifférence des foules? Si la manifestation d'un tel effort devait

rester inutile, si un peu de la gloire méritée ne devait pas compenser dans l'avenir de telles souffrances, si, en un mot, le nom de Chabrier devait tomber un jour dans l'oubli, ce serait à désespérer de toute justice.

Une tristesse d'autre sorte est attachée à la mémoire de Benjamin Godard. Musicien exceptionnellement doué, compositeur de race, producteur acharné, celui-là s'est éteint sans avoir pu écrire l'œuvre définitive que l'on attendait de lui. Avec une activité prodigieuse, poussé par les besoins de l'existence, il s'attaqua à tous les genres : sans relâche, symphonies, suites d'orchestre, mélodies vocales et instrumentales, trios, sonates, quatuors, opéras, oratorios naissaient sous sa plume et ne lui apportaient la plupart du temps, hélas! que déceptions, chagrins et découragements. Car, en dépit d'un héroïque labeur, malgré des dons de premier ordre, l'homme ne parvint jamais à justifier les prédictions faites à l'enfant-prodige. Dès que Godard s'en aperçut, il fut frappé d'autant plus douloureusement que sa confiance en lui était demeurée jusqu'alors inébranlable. Et nous vîmes aussitôt ce grand garçon s'étioler sous les coups du mauvais sort et s'acheminer lentement vers la tombe.

Qui de nous ne se souvient du fulgurant succès obtenu par *Le Tasse?* Le duo élégiaque, de charme schumanien, que nous avons joué, plein de poésie et de tendresse, a bien montré que ce fut là le meilleur ouvrage de Benjamin Godard. Après ce succès, des morceaux de piano, de chant, d'orchestre, d'une abondance inconcevable, se répandirent de tous côtés, accompagnant des partitions de plus longue haleine, fort incomplètes et de valeur très inégale : *Pedro de Zalaméa, Jocelyn, Dante, La Vivandière.* Leur auteur eut le tort de se tenir systématiquement en dehors du mouvement musical moderne. Il se faisait un point d'honneur d'ignorer absolument Richard Wagner et il se vantait à tout propos de n'avoir jamais lu une page du puissant réformateur. L'évolution du drame lyrique s'est donc accomplie sous ses yeux sans qu'il parût même s'en douter et je crois bien que Godard est le seul de sa génération qui se soit ainsi enfermé dans une pareille tour d'ivoire. Cette solitude volontaire, ce refus de participer à aucune communion intellectuelle l'avaient rendu affreusement mélancolique et il est certain qu'il souffrit beaucoup avant de s'en aller. Évidemment, il y a fort à reprendre dans son œuvre qui n'est souvent ni assez choisi, ni assez réfléchi, ni assez original. Il me plaît cependant de louer les bonnes parties du *Tasse*, les mélodies de grâce si pénétrante qui foisonnent en des recueils peu connus, les larges chants d'orchestre qui quelquefois dominent le bavardage instrumental. J'ai le devoir aussi de rendre hommage à la ténacité de l'ouvrier des sons qui mourut tristement à la tâche et vécut honnêtement de son travail. Benjamin Godard, rempli d'espérance au début de sa carrière, a su l'amertume horrible des rêves irréalisés, le secret chagrin des projets écroulés. Cela mérite un grand regret.

Cette amertume, ce chagrin, César Franck les ignora toujours. Insulté, vilipendé, traîné dans une boue épaisse de mensonge et de bêtise, il n'opposa jamais à la colère et à la peur qu'une admirable et magnifique sérénité. Il évita sans cesse la fausse gloire des acclamations d'un jour, des sérénades d'un soir et des triomphes d'un matin. Les fumées d'encens qui parfumèrent sa vie furent plus pures; les respects qui l'entourèrent furent plus durables. Avant de s'imposer à la foule, son œuvre agenouilla quelques jeunes gens, dont j'étais, et quand, certains dimanches, tandis que les clochettes des enfants de chœur de Sainte-Clotilde tintaient gaiement en des lumières de cierges, Franck improvisait les divins pardons, il m'apparaissait déjà comme un être un peu surhumain, bien digne d'une religieuse adoration.

L'artiste resta donc souriant et bon au milieu des terribles luttes qu'il engagea. Ainsi que tous les novateurs, il connut la sotte indifférence, la basse hostilité de ceux à qui il offrait généreusement la sublime splendeur de ses chants. Avec cela, d'une fierté souveraine, ne demandant jamais rien à personne, il dut souvent autoriser des exécutions médiocres au cours desquelles sa musique, mal jouée par de mauvais orchestres, était mal accueillie par de mauvais publics. Il demeurait heureux, quand même, de son effort accompli. Sans une parole de reproche et montrant sur son clair visage le beau contentement d'une noble conscience, il semblait vraiment ne pas appartenir au triste monde qui l'outrageait. Dans son âme, vide de rancune, pénétrèrent seules les joies et les douleurs également hautes que la vie apporta à ce vibrant, à ce vaillant : joies et douleurs traduites aussitôt en une langue d'incomparable éloquence. C'est l'expression continue de ces deux sentiments intimes et profonds qui prête à l'œuvre de César Franck son ampleur, sa magnificence exceptionnelles.

Dans *Les Béatitudes*, dont nous avons donné de larges fragments, les pensées se dessinent en tableaux tantôt ressemblant aux antiques fresques sur fond d'or, tantôt pareils aux plus modernes peintures. Là, un Christ de blancheur aveuglante est mis en opposition avec un Satan colossal pendant que toutes les passions, toutes les souffrances, toutes les fatalités de l'existence crient, hurlent et s'exaspèrent. Dans *Ruth*, dans *Rébecca*, les naïves femmes se meuvent en un Orient biblique d'une telle simplicité de couleurs qu'on les croirait tracées d'après nature par quelque imagier des temps de légende. Là, rien ne trouble l'extrême tranquillité du lointain pays et il semble que le soleil qui en éclaire les vastes horizons soit comme voilé par la mystérieuse brume du passé. Dans *Rédemption* parlent les anges du ciel et dans la *Messe* résonnent les orgues idéales de l'immense église des champs, des prés et des bois. Ce sont les premiers ouvrages de Franck. Unis aux derniers qu'ils préparent, ils offrent à l'admiration étonnée un monument impérissable. N'écoutant que son cœur, ne songeant qu'à en traduire les intimes émotions, le maître qui, je suis heureux de le constater, est entré maintenant dans la vraie gloire définitive, a pu, malgré tant d'obstacles accumulés sur sa route, vaincre l'erreur et créer un art. Ses idées, ses harmonies, ses modulations sont prodigieusement imprévues, audacieuses et n'appartiennent qu'à lui. Cependant, pour édifier son œuvre, il n'a eu besoin de rien démolir et il s'est élevé d'autant plus haut qu'il a bâti plus solidement sur les fortes assises qu'il a trouvées. Il a élargi la symphonie et la musique de chambre, non pas en en brisant les formes, mais en leur apportant l'indépendance et la jeunesse. Déjà sont « classiques », malgré les doutes et les protestations du début, sa sonate, son quatuor, son quintette et sa symphonie. Partout il a mis la même nouveauté. Au moment où le poème instrumental paraissait s'amoindrir à la description trop minutieuse des choses matérielles, *Les Éolides* s'inspirèrent du murmure imprécis, des brises flottantes, des changeantes tempêtes de l'invisible nuée; *Le Chasseur maudit* évoqua l'âme de la forêt infernale et *Psyché* chanta l'austère joie de l'amour mystique. Quand on jouera *Hulda* au théâtre, ceux qui prétendent encore à présent que César Franck n'eut pas le sens de la scène seront stupéfaits de la vigueur tragique et de l'exquise sensibilité dont l'auteur a témoigné dans cette superbe partition. Au résumé, il aborda tous les genres, à la façon des grands ancêtres, et il s'y montra également supérieur. On a dit de lui qu'il était le Jean-Sébastien Bach de notre époque. Par la beauté de l'expression, par la fermeté de la conception, par la hardiesse prodigieuse, par l'éloquence jamais interrompue, par la volonté, par la dignité, par le caractère, par le génie, en un mot, il ressemble un peu, en effet, au *Cantor* de Leipzig. Son influence a été énorme sur la génération actuelle. On ne l'a point imité, car il est inimitable, mais on a suivi ses exemples, ses préceptes et on a eu raison de le vénérer. Je n'ai pu qu'indiquer très brièvement, très imparfaitement ce qu'il fut, mais je déclare saluer bien bas sa mémoire et son œuvre.

Un de ses meilleurs élèves, Ernest Chausson, est déjà parmi les morts. Que de promesses il donnait! Cette *Viviane,* que nous avons exécutée, garde intacts, malgré ses vingt ans d'âge, sa jeunesse charmante et mélancolique, sa délicatesse, son doux parfum et ses fines couleurs. Il est parti sans avoir eu le temps de réaliser complètement ce que nous attendions de lui; on ne saurait trop le regretter. Pourtant ce qu'il nous laisse est considérable et précieux. Chausson fut un symphoniste et c'est dans la musique instrumentale, dans la musique de chambre que se manifesta surtout son talent. Ce talent, essentiellement expressif, était plein de gravité et aussi — mariage rare — de fougue. Une certaine tristesse y régnait, assombrissant les idées en apparence les plus joyeuses, nous inquiétant un peu jadis, nous faisant croire maintenant que le pauvre homme avait le pressentiment de sa fin tragique. Je le suivais avec une vive curiosité et je le voyais avec un plaisir extrême se dégager, se libérer, s'élever chaque jour davantage. Son trio; son *Concert* pour piano, violon et cordes; son *Poème* pour violon et orchestre; son *Soir de fête;* ses deux quatuors, sa symphonie marquent les étapes d'une heureuse évolution. Quand il nous quitta, son *Roi Artus* allait être joué à Carlsruhe et il comptait que cette représentation lui fournirait de bons éléments d'expérience pour un second ouvrage dont il écrivait déjà le livret. Ce symphoniste voulait devenir un dramaturge et je pense qu'il eût réussi au théâtre, car il était en train d'acquérir une véritable personnalité, écoutant l'inspiration et ayant du cœur. Sa perte, si affreusement inattendue, est déplorable à tous égards.

Il ne me reste plus, Monsieur le Ministre, qu'à m'occuper des compositeurs vivants, de ceux qui sont la force active, le présent et l'avenir de notre art. L'œuvre de chacun d'eux est trop près de nous, vous en connaissez trop bien les tendances et les mérites divers pour que j'aie à vous en parler longuement et particulièrement. A la scène, au concert, anciens et nouveaux, vétérans et jeunes ne cessent de livrer publiquement combat pour leur idéal que nul n'ignore à cette heure et que je n'ai donc pas à caractériser ici. Ils forment une splendide et solide armée qui, par le nombre et la valeur, est incomparable — cela, je ne me prive pas de la joie de le déclarer — et qui met la France d'aujourd'hui à la tête des nations musicales. Obéissant à un sentiment de libéralisme que vous approuverez, j'en suis sûr, nous leur avons demandé de nous désigner eux-mêmes le morceau qu'ils désiraient voir figurer à nos programmes. C'est ainsi que notre cher grand doyen, M. Ernest Reyer, a rappelé fièrement par une sélection d'*Érostrate* les glorieuses batailles qui précédèrent les magnifiques et justes triomphes de *La Statue*, de *Sigurd* et de *Salammbô*. C'est ainsi que notre illustre président, M. Camille Saint-Saëns, nous a fait l'honneur d'écrire la cantate d'inauguration de nos festivals : *Le Feu céleste*, sorte d'hymne à l'Électricité, reine toute puissante du xxᵉ siècle. J'en ai gardé un net souvenir dont, malgré la brièveté que je m'impose à présent, je crois devoir laisser trace ici, puisque cet ouvrage a été composé spécialement à notre intention : Un court prélude d'orchestre y dit d'abord, bientôt confirmé par les paroles du Récitant, l'obscurité lourde d'hier. Les cordes frémissent, le thème s'égaye, un éclair luit et, formidable, l'orgue tonne tandis que les violons, de l'aigu au grave, dessinent en zig-zags la flamme qui demain fera la Science définitivement victorieuse. Et les trompettes sonnent, vrillantes, aveuglantes. Maintenant le feu va, léger à travers le monde. La symphonie se développe peu à peu, commence à glorifier son souverain pouvoir. Pendant qu'un soprano proclame douce-ment le triomphe de l'esprit moderne, l'orgue apaisé jette une pluie d'étin-celles. Et le chœur chante à son tour. Sa fugue prépare un colossal en-semble où toutes les forces instrumentales et vocales sont mises en action avec la tranquille maîtrise dont l'auteur de *Samson et Dalila* possède le secret... Mais il ne faut plus que je m'attarde maintenant. Pour conti-nuer, donc, c'est ainsi que M. Massenet, trop modeste, au lieu d'extraire de ses immenses richesses quelque vaste scène dramatique, quelque large épisode, quelque ample final qu'il n'aurait eu que l'embarras de choisir, s'est borné à souhaiter que fût réentendue sa *Marche solennelle*, déjà exé-cutée à l'une des cérémonies officielles de l'Exposition. C'est ainsi que M. Théodore Dubois qui, en dépit de ses absorbantes fonctions de directeur du Conservatoire, grossit chaque jour son œuvre et qui, pendant l'hiver-nage habituel de M. Saint-Saëns au pays de lumière et de douceur, nous a présidés avec tant de bonne grâce, avec un si haut et si clair savoir, une si ferme et si droite impartialité, nous a donné un fragment de son *Bap-tême de Clovis*. C'est ainsi que MM. Paladilhe et Lenepveu qui, dans notre Commission, complètent de la très digne manière que vous savez le groupe des membres de l'Institut, ont tiré pour nous de leur important bagage l'un, *Les Saintes Maries de la Mer*, l'autre, *Jeanne d'Arc*.

Parmi les musiciens appartenant à cette génération, voici M. Victorin Joncières avec son ouverture de *Dimitri* qui date des lointaines luttes wagnériennes où notre collègue joua le rôle de vaillance et de sagacité que personne n'a oublié. Voici les très éminents organistes des quatre paroisses principales de Paris : M. Gabriel Fauré avec son *Requiem* — à vrai dire, cet artiste si particulier et si frappant est surtout un compositeur militant —: M. Widor, qui se trouve d'ailleurs dans le même cas, avec sa symphonie; MM. Guilmant et Gigout, eux plus spécialistes, le premier avec une symphonie également, le second avec une *Méditation* pour violon et orchestre. Voici, représentant les anciens Prix de Rome, M. Charles Lefebvre avec la *Messe du Fantôme* et M. Henri Maréchal avec *Antar*. Voici notre grand pianiste, M. Raoul Pugno, qui, reprenant la plume et témoignant à nouveau de son talent de producteur, a écrit exprès pour nous le *Concerstück* qu'il a si brillamment exécuté. Voici un autre pianiste, M. Alphonse Duvernoy, qui, lui, nous a donné un fragment de *La Tempête*. Voici Mlle Augusta Holmès avec *Irlande* et M. Arthur Coquard avec l'ouverture d'*Esther*. Voici l'entêté chercheur et l'heureux trouveur de mélodies populaires, le bon marieur des modes antiques et des harmonies modernes, M. Bourgault-Ducoudray avec une scène de *Thamara*. Voici, avec *l'Invitation au voyage* et *Phidylé*, M. Henri Duparc, dont nous déplorons vivement, nous qui fondions sur lui tant d'espérances, le douloureux repos forcé.

Et parmi ceux qui forment ce que l'on appelle la génération montante, voici, avec une sélection des *Deux Pigeons*, M. André Messager, l'auteur avisé et spirituel d'un de nos derniers opéras-comiques et d'une de nos premières comédies lyriques; voici, avec l'Incendie du *Chant de la Cloche*, M. Vincent d'Indy, le sûr et valeureux continuateur, dans la symphonie, dans la musique de chambre, dans l'épopée, du mouvement instrumental dont j'ai indiqué les causes et les effets; voici M. Paul Puget avec le prélude de *Beaucoup de bruit pour rien* et M. Georges Hüe avec *La Belle au bois dormant*; voici encore deux symphonistes de race : M. Paul Dukas avec son *Apprenti sorcier* et M. Guy Ropartz avec son final sur un thème breton et voici deux hommes de théâtre ayant fait chacun leurs preuves, l'un dans la pantomime : M. André Wormser, qui nous a donné cinq morceaux de sa partition des *Misérables*, l'autre dans le drame : M. Camille Erlanger, qui a été représenté par sa suite d'orchestre tirée de *Kermaria*; voici, avec un acte de *Mérowig*, M. Samuel Rousseau, que je me réserve de louer tout à l'heure comme il convient; voici, avec *La Damoiselle élue*, le très exceptionnel, très curieux, très solitaire M. Claude Debussy; voici, enfin, mes camarades de la classe Massenet que je nomme non sans émotion joyeuse et affectueuse, car j'évoque de la sorte le souvenir des lointaines heures passées ensemble dans le feu du travail où notre maître savait nous jeter : les frères Hillemacher avec *Claudie*, Lucien Lambert avec *Tanger le soir*, Georges Marty avec *Merlin enchanté*, Paul Vidal avec les airs de Ballet de la *Burgonde*, Xavier Leroux avec *Vénus et Adonis*, Gabriel Pierné avec l'*An mil*, Gustave Charpentier avec les *Impressions d'Italie*. A l'humble signataire de ces lignes, on a réservé le grand honneur de jouer le tableau de la Cathédrale d'or de *Messidor*.

Les soixante ouvrages ou fragments d'ouvrages que je vous ai énumérés, Monsieur le Ministre, ont été interprétés par l'élite de nos artistes. Les chanteurs, les chanteuses, les virtuoses les plus célèbres ont tenu à ajouter le prestige de leur réputation à l'attrait de nos festivals. Notre orchestre, nos chœurs étaient ceux de la Société des concerts du Conserva-

toire, renforcés d'excellents éléments. MM. Taffanel et Rousseau les diri-
geaient d'une façon qui leur vaut la vive gratitude de notre Commission.
Ils se sont consacrés corps et âme, j'ose le dire, à la très difficile et très
lourde tâche que nous leur avions confiée, et, par leur talent, leur dévoue-
ment, par leur activité de chaque jour, ils ont donné à nos exécutions
un éclat qui a assuré leur succès et dont, nous l'avouons, nous sommes
un peu fiers. Car, pourquoi ne pas le constater ici? un public immense,
extrêmement sympathique à nos musiciens, n'a cessé de les applaudir, de
les acclamer pendant les heureux mois qui viennent de s'écouler, et cela
nous ravit, nous qui avons préparé de notre mieux cette sorte de triomphe.
Notre seul regret a été de n'avoir pu y faire participer tous nos jeunes
compositeurs, toute la nouvelle génération ardente, impatiente, travailleuse
et audacieuse, de n'avoir pu ouvrir nos portes, continuant à ne point tenir
compte des divisions d'écoles et d'opinions, à tous ceux qui, chez nous,
symphonistes ou dramaturges, produisent et espèrent. Nous n'aurions
oublié certainement ni les Henri Rabaud, ni les Gaston Carraud, ni les
Augustin Savard, ni les Alexandre Georges, ni les Camille Chevillard, ni
les Auguste Chapuis, ni les Max d'Ollonne, ni les André Gédalge, ni les
Charles Silver, ni les Léon Moreau, ni les Henri Busser, ni les Albéric Ma-
gnard, ni aucun des vaillants qui se lèvent dans l'aurore...

Avant de conclure, il ne me reste qu'à vous parler, Monsieur le Ministre, des séances de musique d'orgue, de musique de chambre et de musique étrangère qui ont été données au Trocadéro. MM. Adolphe Marty,
Charles Tournemire, Jules Hœlling, Widor, Alexandre Guilmant, Albert
Mahaut, Eugène Gigout, Louis Vierne, Adolphe Deslandres et Dallier se
sont fait entendre avec un grand succès en dix concerts d'orgue dont nous
leur avons laissé le soin de composer les programmes et dont je n'ai pas à
m'occuper longuement ici, ces programmes, intéressants d'ailleurs, chacun
d'eux pris séparément, n'ayant point, considérés en leur ensemble, la
même signification que les autres. Nous attachions une particulière importance aux concerts de musique de chambre, pour lesquels M. Bourdais nous
a agencé une petite salle élégante et commode qui, toujours, a été pleine
d'auditeurs attentifs et compréhensifs. Là, avec le concours des excellentes
sociétés de MM. Nadaud, Parent et Hayot, nous avons pu, dans onze
concerts, marquer quelques-unes des principales étapes fournies chez
nous, en son évolution, par un genre des plus nobles qui, presque abandonné un instant ici, refleurit à présent pour la pure gloire de ceux qui s'y
consacrent. Il y a quarante ans, aux heures trop joyeuses où il fallait que
l'art amusât, lui aussi, et fît sourire, qui donc eût songé à émouvoir et à

faire penser par une sérieuse sonate ou un grave quatuor? Les vrais grands maîtres de l'expression et du cœur étaient détrônés par les faux petits maîtres de la virtuosité et de l'esprit, et la foule se ruait au plaisir. Le retour à la symphonie, dont fut cause, je crois l'avoir indiqué, le bouleversement social de la guerre, détermina très naturellement une renaissance française de la musique de chambre. Sans doute, Bach, Haydn, Mozart, Beethoven gardent-ils, eux Allemands, une suprématie incontestable en ce royaume de la polyphonie instrumentale. Mais, sur notre sol, des hommes ajoutèrent aux richesses communes, augmentèrent l'universel trésor de beauté et j'ajoute de fraternité. Ces hommes, nous voulions qu'ils eussent une place digne d'eux à notre Exposition. Et comme il existe aussi une musique vocale de chambre, comme la mélodie chantée est essentiellement caractéristique du clair et net génie de notre race, nous avons mêlé aux vastes œuvres de brefs *lieder*, donnant de la sorte une extrême diversité à nos programmes, et choisi, pour cela, parmi les anciens et les modernes, quarante-huit noms de compositeurs, laissant du reste la part la plus large aux contemporains, nous contentant d'évoquer simplement le passé. C'est ainsi que Rameau a été représenté par ses pièces en trio, si curieusement descriptives, aux titres si charmants : *La Livri*, *L'Indiscrète*, *La Timide*, *Les Tambourins*; le violoniste Jean-Marie Leclair, par deux sonates, l'une pour violon et piano, l'autre pour violon et alto avec accompagnement de piano; les clavecinistes Dandrieu, Daquin et Couperin, par *Les Caquets*, *Le Coucou* et *Le Réveil-Matin*; Niedermeyer, le fondateur de l'excellente école de musique religieuse, par *Le Lac*, qui le rendit célèbre; Réber, l'auteur très applaudi jadis, à l'Opéra-Comique, du *Père Gaillard*, des *Papillotes de Madame Benoît* et des *Dames Capitaines*, par son trio-sérénade; Alexis de Castillon, mort trop jeune malheureusement pour avoir pu sortir tout à fait du rang, mais l'un des mieux doués de ceux qui contribuèrent, après les désastres de 1870, au mouvement évolutif de notre art, par un quatuor; Georges Bizet, par ses *Variations chromatiques pour piano*; Léo Delibes et Charles Gounod, chacun par deux mélodies; Benjamin Godard, par une pièce pour deux violons; Théodore Gouvy, un symphoniste de la précédente génération, par un *Ottetto* pour instruments à vent; Léon Boëllmann, un fin et un élégiaque, trop tôt parti lui aussi, par sa sonate pour piano et violoncelle et par trois mélodies; Ernest Chausson, par son *Concert* pour piano, violon solo et quatuor; M. Ernest Reyer, par un morceau de chant : *Le Fleuve d'Oubli*; M. Camille Saint-Saëns, par son quatuor à cordes et par deux mélodies; M. Théodore Dubois, par sa sonate pour piano et violon et deux pièces en forme canonique pour hautbois et violoncelle; MM. Charles Lenepveu et Paladilhe, chacun par deux mélodies;

M. Bourgault-Ducoudray, par trois pièces pour violon et par deux mélodies ; M. Victorin Joncières, par son concerto pour violon et par deux mélodies : M. Charles Lefebvre, par un trio vocal : *Souffle des Bois*, et par une suite pour instruments à vent ; M. Gabriel Fauré, par son second quatuor et par deux mélodies ; M. Raoul Pugno, par sa sonate pour piano ; M. Widor, par un quintette ; M. Alexandre Guilmant, par une romance sans paroles pour flûte et piano ; M. Eugène Gigout, par deux mélodies ; M. Émile Bernard, par un rondel à cinq voix et par un divertissement pour instruments à vent ; M. Paul Lacombe, par sa troisième sonate pour piano et violon ; M. Henri Maréchal, par deux pièces pour violoncelle ; MM. Henri Duparc et Hillemacher, chacun par deux mélodies ; M. Vincent d'Indy, par son second quatuor à cordes ; M. Samuel Rousseau, par une gavotte pour violon et violoncelle et par deux mélodies ; M. Gabriel Pierné, par le quatuor vocal de *Vanthis* et par une pastorale variée, dans le style ancien, pour instruments à vent ; M. Paul Vidal, par des fragments de son *Noël* et par deux mélodies ; M. Georges Marty, par trois mélodies ; M. Lucien Lambert, par un *Adagio et Final* pour instruments à cordes : M. Alexandre Georges, par trois *Chansons de Miarka* ; M. Auguste Chapuis, par des variations pour violon et piano et par deux mélodies ; M. Claude Debussy, par son quatuor à cordes et par trois *Chansons de Bilitis* ; M. Guy Ropartz, par quatre poèmes d'après l'*Intermezzo*, d'Henri Heine, et par une pièce en *si mineur* pour deux pianos ; M. Dallier, par un trio instrumental et par deux mélodies vocales : M. Augustin Savard, par un quatuor à cordes ; M. André Gédalge, par sa seconde sonate pour violon et piano ; M. Paul Puget, par trois mélodies, et votre serviteur par deux *Lieds de France*.

Il a été donné, en dépit de quelques abstentions, un assez grand nombre de concerts étrangers. Chose digne de remarque : c'est du Nord que sont venus presque tous les orchestres et les chœurs auxquels nous avons été si heureux d'offrir l'hospitalité, et qui, le plus souvent, je tiens à le dire, nous ont laissé une impression singulièrement vive de force, de jeunesse et de nouveauté. La musique aurait-elle donc besoin, pour se régénérer et refleurir, de terres vierges et rudes ? Acquerra-t-elle une poésie inattendue en chantant la nature violente et sauvage des âpres pays froids ? Je ne sais, mais ce que je veux constater, c'est le caractère très national d'un grand nombre des morceaux que nous avons eu le plaisir d'entendre. Voici, par exemple, les compositeurs suédois, que M. Conrad Norqvist, chef d'orchestre de la Cour et du Théâtre Royal de Stockholm, nous a fait connaître. Leurs œuvres, plutôt improvisées que pensées, sont fines, distinguées, charmantes et gardent en même temps une expression de profonde mélancolie. Une sorte de brouillard les enveloppe, au milieu duquel elles nous paraissent souvent un peu grises et imprécises. Ces musiciens, s'inspirant des airs populaires, du sol, de l'atmosphère de leur patrie, sont des rêveurs, des chanteurs d'éloquence moins instrumentale que lyrique. C'est ainsi que dans la *Symphonie sérieuse*, de Frantz Berwald, j'ai préféré aux trois mouvements vifs où l'influence de Mendelssohn est trop sensible, le noble et grave *Adagio*, plein de la pesante tristesse du Nord, et c'est pourquoi les pièces de M. Alfred Rubenson, l'ouverture d'*Antoine et Cléopâtre*, de Ludvig Norman, et l'offertoire, d'August Söderman, m'ont semblé parfois exagérément décousus. En revanche, le prélude, le choral et la fugue de M. Hugo Alfvèn sont construits avec une solidité supérieure, développés avec une grande sûreté. Mais je conserve un meilleur souvenir encore des trois ballades que M. Forsell, le baryton de l'Opéra de Stockholm, a déclamées de magistrale façon. Il y a dans *Florez et Blanzeflor*, de M. Wilhelm Stenhammar, une délicatesse, une grâce exquises ; dans la *Fée des Bois*, de M. Andréas Hallèn, une vigueur, une rudesse extrêmes et dans le *Tannhäuser*, d'August Söderman, une passion, une douleur, une intensité de sentiment rares. A M. Nordqvist succéda M. Gustav Mahler, directeur du Théâtre Impérial de Vienne, qui amenait avec lui le très célèbre orchestre de la Société philharmonique et le non moins réputé *Wiener Mœnnergesangverein*. Là, l'exécution était le véritable élément d'intérêt, M. Mahler n'ayant mis à son programme aucun ouvrage de la jeune école allemande où, en compagnie des Richard Strauss, des Humperdinck, il occupe une place considérable, car c'est un compositeur de haut rang, de belles tendances et de vastes visées, « musicien jusqu'au fond du cœur » a écrit de lui son confrère M. Félix Weingartner. L'interprétation qu'il nous a donnée des symphonies et ouvertures les plus connues est toute personnelle. Il découvre dans ces symphonies et dans ces ouvertures des choses dont nul — pas même l'auteur, je pense, — ne se doutait avant lui ; il en tire des effets singulièrement curieux qui nous déconcertent un peu, nous autres Français, habitués à moins de recherches, à moins de subtilités, mais qui cependant sont bien frappants ; il en varie les mouvements au gré de sa propre inspiration ; il en indique, par des gestes sobres et nets, les grandes lignes, les divisions principales sans jamais battre la mesure, au sens ordinaire du terme. L'ensemble qu'il obtient ainsi est réellement miraculeux. Son orchestre obéit à une discipline surprenante : la précision ici tient du prodige, et cela nous semble d'autant plus extraordinaire que le chef use, pour conduire cet orchestre, d'une fantaisie, d'une liberté infinies. Les chœurs d'hommes, très nombreux, que dirigent MM. Éduard Kremser et Richard von Perger ont les mêmes qualités de sûre perfection. Les basses, point brutales, moelleuses, s'harmonisent merveilleusement avec les ténors, riches en demi-teintes. Ce nous fut une fête de les applaudir et d'entendre après eux les « Chanteurs de Cologne. »

Vous le savez, Monsieur le Ministre, presque toutes les villes d'Allemagne possèdent aujourd'hui un choral régulièrement constitué, sérieusement, artistiquement organisé et composé à la fois de professionnels et d'amateurs, professionnels excellents prêtés par les églises et les théâtres, amateurs remarquables appartenant à la bourgeoisie, au commerce et à l'administration, les uns et les autres heureux de se réunir souvent pour faire de la musique. Cela est absolument dans l'esprit de la nation et serait, hélas! pour bien des raisons que je n'ai pas à dire ici, impossible en nos provinces. Celui de Cologne est un des plus justement réputés. Beaucoup moins nombreux que le *Wiener Mœnergesangrerein*, il atteint à des effets différents. Le sentiment de son interprétation est comme populaire ; ses voix, bien équilibrées, un peu frustes, mâles, ont des sonorités vigoureuses et rudes qui donnent grand caractère aux œuvres exécutées. Quelques-unes de ces œuvres — ceci mérite encore un compliment — portent la signature des membres de la Société, tel le chœur : *En cheminant*, joliment rythmé, de M. Fédor Berger, l'habile maître de chapelle de cette vaillante compagnie. Quoique de valeur moyenne, elles sont généralement très supérieures aux morceaux qui forment le répertoire de nos orphéons. Nous conservons donc bon souvenir des « Chanteurs de Cologne »; mais, il faut l'avouer, c'est aux « Étudiants d'Upsal » que nous devons, en ce qui touche à l'art étranger, nos plus fortes impressions, cela par l'admirable beauté de leur interprétation et par la nature même des œuvres qu'ils nous ont fait entendre.

Ces œuvres, où parle noblement, gaiement, héroïquement, mélancoliquement et toujours éloquemment l'âme d'un pays, ils les ont dites avec une perfection vocale dénuée, d'ailleurs, de la moindre afféterie, une franchise de rythme, une justesse d'intonation, une noblesse de sentiment et aussi une liberté d'allures qui leur ont valu un succès d'enthousiasme. Sans aucun papier réglé sous les yeux, la casquette blanche à la main, attentifs et rangés en bon ordre, ils semblaient improviser d'une commune inspiration des chants en notre honneur. Cela fut infiniment émouvant et restera longtemps gravé dans notre mémoire.

Ces œuvres, je les citerai toutes. C'est l'*Hymne à la Patrie*, de Wennerberg, où éclate en l'entrecroisement des harmonies le *Choral de Luther*; c'est le refrain poétiquement passionné de Sœderman ; c'est le *Cantique de*

Suomi, de Pacius, bien curieusement agreste: c'est le *Printemps* de Kappelman, d'intense et charmante allégresse; c'est l'élégiaque *Sérénade* de Lange Muller; c'est la superbe ballade d'*Olaf Trygveason*, de Reissiger, très dramatique et pleine de la grande rudesse des mers du Nord: c'est la *Prière* de Wennerberg avec sa large mélodie des basses si ingénieusement accompagnée par les ténors à l'aigu; c'est le *Chant d'Ingrid*, de Kjerulf, vif, spirituel et de rare saveur; c'est la *Noce de Paysans suédois*, de Sœderman, suite de quatre pièces pittoresques, la première joyeusement robuste, la seconde gravement religieuse, les autres délicieusement amusantes et originales, exquisement dansantes et hurlantes; ce sont enfin les airs populaires : celui dont Ambroise Thomas s'est servi dans *Hamlet* et qui, ici, fruste, a une étonnante ampleur: ceux que M. Lundquist a magistralement déclamés et parmi lesquels je préfère *A la Patrie*, sorte de mélopée de fierté magnifique, entonnée par une voix seule et reprise, harmonisée, par le chœur. La glorieuse compagnie d'Upsal nous a fait, en outre, la gracieuseté de nous dire, dans notre langue, une de nos vieilles chansons à boire où elle a mis une extraordinaire gaieté, une prodigieuse délicatesse; un ravissant morceau de Kjerulf sur des vers de Victor Hugo et la *Marseillaise*. On lui a aussitôt demandé la Marche finlandaise, et les bans de nos étudiants se sont mêlés aux hurrahs de nos hôtes. En évoquant ces souvenirs, en saluant de loin, aujourd'hui, ces jeunes gens si noblement épris de musique et de poésie, et à qui nous devons une si belle joie, je tiens à complimenter leur chef, M. Ivar Hedenblad, remarquable artiste que je remercie et que j'admire.

Nous ne pouvions espérer, Monsieur le Ministre, éprouver chaque semaine de pareilles impressions. Pourtant le *Schubertbund* de Vienne, la Société chorale de Sainte-Cécile de Copenhague ont aussi des qualités de l'ordre le plus haut, qu'il serait souverainement injuste de méconnaître. La première de ces compagnies, fondée il y a une quarantaine d'années par François Mair en l'honneur de Schubert et dirigée maintenant par M. Adolf Kirchl, nous a fait entendre religieusement et passionnément à la fois plusieurs grands ouvrages du maître adorable et vénérable, et cela seul lui assure notre affectueuse gratitude. La seconde, que conduit M. Frédéric Rung, chef d'orchestre du Théâtre Royal de Copenhague, nous a superbement exécuté nombre de chansons populaires danoises d'un charme profond et troublant, de beaux chœurs de Henrik Rung, de Hartmann, de Niels Gade, de MM. Dange-Müller, Edvard Grieg et Frédéric Rung, tous empreints du sentiment national que possèdent au suprême degré les compositeurs du Nord. Nous avons eu également la visite de l'*United Welsh Choir*, mené tour à tour par Mme Novello Davies, MM. Tom Stephens et

David Farr et dont le répertoire est assez pauvre, il faut bien l'avouer. En revanche, d'intenses sensations d'art nous furent données par la Société philharmonique d'Helsingsfors et son excellent directeur M. Robert Kajanus. Nous ignorions complètement l'école finlandaise, si jeune d'ailleurs qu'elle n'existait pour ainsi dire pas il y a quinze ans, et nous ne pouvons douter à présent de l'avenir qui l'attend. Elle s'inspire directement de la poésie, de la mélodie populaires, nées, de temps immémorial, du sol même de la patrie. C'est l'union toujours si féconde, où qu'elle se fasse, de la tradition et de l'innovation. Cette école a déjà produit des œuvres singulièrement curieuses et significatives en ce sens que l'âme d'un pays y vit, que le caractère d'une race s'y révèle. Les quatre morceaux de la symphonie en *mi mineur* de Sibélius, par exemple, ont un bon et vigoureux parfum de nature. Ils ne sont point construits classiquement. Bien au contraire, l'auteur les a écrits de la façon la plus libre, opposant à de longues et lentes mélopées des traits de vivacité extrême. Je me rappelle particulièrement l'*Andante*, plein de mélancolie et de tendresse, où semblent frémir les arbres, s'agiter les lacs. J'ai retenu aussi le prélude de Jaernefelt, courte pièce agreste et légère délicatement instrumentée. Et la campagne parle encore dans les *Souvenir d'été*, charmante suite d'orchestre de M. Kajanus, où les cors disent la rudesse des landes, où le violon de M. Heikki Holonen, soliste remarquable, pleure l'absent en une émouvante lamentation, où les cuivres rythment d'amusante manière les danses nationales. Et la *Patrie*, de M. Sibelius, est une rapsodie à la fois tragique, héroïque, religieuse et douloureuse. Et les trois *lieder* populaires, les trois chants modernes de Mielck, Merikanto et Jaernefelt, qui ont eu la bonne fortune d'avoir pour interprète Mlle Ackté, dont le ferme talent français garde la grâce étrange de ses origines finnoises, sont de nobles et originales compositions.

Aux Finlandais ont succédé les Norvégiens. Vous voyez, Monsieur le Ministre, que, en somme, bien des peuples ont tenu à nous apporter, à côté des produits de leur travail manuel, le témoignage de leur labeur intellectuel. A peu de choses près, nous avons donc assisté à la manifestation du génie universel, et c'est ce qui a contribué à l'incomparable splendeur de l'Exposition de 1900. Ici, l'intérêt offert par la réelle valeur des œuvres exécutées, par la belle vaillance artistique des sociétés chorales de Christiania qui les interprétaient, a été doublé par la présence au pupitre de chef d'orchestre de M. Johan Swendsen, auteur de nombreux morceaux fort remarquables souvent joués à Paris et l'un des maîtres, avec M. Edvard Grieg, de l'école norvégienne. Il a dirigé sa troisième rapsodie, dont les motifs, très typiques, très colorés, très curieux, sont présentés, développés, instrumentés de la manière la plus charmante, la plus vive et la plus spirituelle.

En outre, il a fait entendre une mélodie d'Ole Bull, *Solitude sur la montagne*, mélodie de fraîcheur exquise, d'extrême simplicité, qu'il a délicieusement harmonisée et arrangée. Mais il faudrait tirer de pair les admirables chœurs de M. Grieg : *L'heure était avancée quand je pris du repos*, d'une mélancolie si profonde, si troublante, et *L'Essaim blanc*, d'une poésie mystique toute nouvelle et infiniment pénétrante. Et j'ai aimé aussi la rudesse cordiale du *Vieux Pilote*, de M. Johan Selmer, l'espèce d'austérité barbare du *Gregorius Dagson*, de M. Catharinus Elling, sorte de ballade tantôt animée, tantôt lente, à la fois pittoresque et dramatique, et la force descriptive des pièces de Reissiger : *La Mer du Nord*, *Le Pouvoir de l'Harmonie* et *Olaf Tryggvason*, que les chanteurs de Christiania ont dites avec un sentiment excellent. Ces chanteurs, tous musiciens et artistes disciplinés et souples, sont conduits le mieux du monde par M. Grœndal. M. Iver Holter, un autre chef, précis et sûr, s'est chargé de nous faire connaître le Concerto pour piano et orchestre de Christian Sinding, que M. Martin Knudtzen a vigoureusement exécuté et qui se ressent un peu trop de l'influence wagnérienne; la suite de *Vasentasena*, de M. Johan Halvorsen, de franche et jolie teinte orientale, et la Marche solennelle de M. Johan Selmer, construite sur le thème de l'air national. Rien de tout cela n'est indifférent.

C'est à M. Alexandre Winogradsky, directeur de la Société Impériale de Kiew, qu'a été réservé l'honneur de fermer ces grandes assises. Nous avions déjà eu le plaisir de le voir au Châtelet, il y a quelques années, interpréter à sa façon nombre de compositeurs russes. Cette façon est inoubliable comme est inoubliable l'homme lui-même. Imaginez, Monsieur le Ministre, un clown génial mimant avec une adresse prodigieuse, une agilité fantastique la partition que vous écoutez; déchaînant avec la majesté d'un dieu le tonnerre des timbales; allumant, d'un geste d'incendiaire, le feu des trombones; cueillant des deux mains, ainsi qu'un bon jardinier qui récolte des fruits mûrs, les *pizzicati* du quatuor, obtenant soit par la violence soit par la douceur, d'extraordinaires mariages de timbres, d'étonnantes colorations, de surprenants effets de rythmes; arrachant, en fin de compte, d'enthousiastes applaudissements de ceux qui seraient tentés de sourire et qui sont bien obligés d'admirer. Je ne lui adresserai qu'un petit reproche, c'est de n'avoir mis à son programme aucun des musiciens de Saint-Pétersbourg qui font la gloire de l'école russe moderne. Nous n'avons entendu ni M. Rimsky-Korsakow, ni M. Balakirew, ni M. Glazounow; mais nous avons eu la troisième symphonie de Tschaïkowsky, malheureusement longue et diffuse, et, en revanche, de courtes et jolies pièces de MM. César Cui et Napravnik; d'importants fragments de *Rousslann et Ludmilla*, de Glinka; un poème instrumental de Moussorgsky, *Une nuit sur le Mont Chauve*, morceau sonore et vigoureux, peut-être exagérément imitatif et décoratif. où l'influence de Berlioz et de Liszt apparaît de manière manifeste. A la vérité, c'est à la symphonie en *sol mineur* de M. Kalinnikow que nous devons nos meilleurs moments. Un voile de tristesse l'enveloppe. qui se déchire au fur et à mesure qu'elle va vers sa conclusion pour nous la laisser voir toute frémissante de chaleur et de vie. Comme elle est savoureuse, celle-là, comme elle est libre de formes aussi, et comme, quoi qu'elle ne soit pas bâtie avec des thèmes populaires, elle a bien un franc. pur et beau caractère national !...

C'est ce caractère. Monsieur le Ministre, qui, nettement déterminé, facilement reconnaissable. a magnifié presque toutes les musiques étrangères dont je viens d'avoir l'honneur de vous parler: c'est ce caractère qui n'a jamais cessé et ne cessera jamais de faire la force de la musique française. En suivant notre art dans sa marche à la gloire, dans les batailles qu'il a gagnées. dans les dangers qu'il a courus. nous l'avons vu constamment. comme l'art de nos voisins d'ailleurs. se rajeunir à l'innovation et, en même temps. rester fidèle à la tradition. Il n'y a pas de progrès possible sans l'union intime de ces deux éléments constitutifs des œuvres durables et il n'y a pas de beauté possible sans progrès. car le recommencement est une inutilité. Le caractère national. nous l'avons donc gardé et nous le garderons. j'en ai la conviction. De la tourmente wagnérienne nous sortirons non seulement sains et saufs. mais, mieux encore, régénérés. libérés, armés pour l'avenir. L'influence du maître allemand. influence dont l'effet a été universel. n'a pesé sur aucun peuple autant que sur le nôtre. Sans nier sa légitimité. qui est incontestable. on doit reconnaître qu'elle a eu pour point de départ chez nous l'espèce de crime tenté jadis contre *Tannhaüser* et qu'elle s'est considérablement accrue grâce aux persécutions qui ont suivi ce crime. Ceux qui, croyant servir leur pays ou leurs intérêts, voulurent. pendant un quart de siècle, empêcher la représentation à Paris des ouvrages de Richard Wagner, ont agi en maladroits patriotes ou en médiocres industriels, car le succès inévitablement triomphal de ces ouvrages. arrivant d'un coup, affolant les foules, accumulant dans nos théâtres. dans nos concerts. les sublimes partitions autrefois dédaignées, barra la route un instant à nos compositeurs. les mit, vis-à-vis du monde, en une situation d'infériorité apparente qui ne fut digne ni d'eux ni de la France. demeurée. malgré tout, j'ai déjà eu le plaisir de le constater, au premier rang des nations musicales. Le crime, les persécutions n'ont donc abouti qu'à prouver une fois de plus l'inanité parfaite des attentats contre le génie et à rendre momentanément un peu périlleuse l'influence wagnérienne.

Le péril, Monsieur le Ministre, ne vint pas tant de l'intransigeance subite du public, empressé à réparer d'inqualifiables injustices et ébloui par les splendeurs d'outre-Rhin au point d'être empêché d'apprécier les autres, que d'une sorte d'aliénation de la personnalité à laquelle succombèrent inconsciemment quelques-uns de nos producteurs. Ce qu'il y a d'essentiellement national dans l'art allemand ne peut s'accorder avec ce qu'il y a d'essentiellement national dans notre art. Richard Wagner lui-même a marqué les profondes différences d'esprit des deux peuples quand il a dit : « Le Germain aime l'action qui rêve, le Français aime le rêve qui agit. » Si certains de nos jeunes hommes avaient persisté, dans un élan d'enthousiasme, d'ailleurs très explicable, à vouloir s'approprier les sujets légendaires, les spéculations philosophiques, la façon aussi bien littéraire que musicale de l'auteur de *Tristan et Iseult*, notre gloire en eut évidemment souffert. Mais, sur le wagnérisme, le gluckisme se greffe à cette heure. Après s'être baigné dans les grandes vagues magnifiquement furieuses ou délicieusement berceuses des mers sonores, on se mire à présent dans les vastes ondes superbement tranquilles ou divinement claires des fleuves chantants. De tout ce que le wagnérisme nous a apporté de beau et de bon : indépendance complète des formes scéniques, union parfaite de la mélodie et du texte, fusion absolue de l'orchestre et des voix, noblesse, ampleur, éloquence ; de tout ce que le gluckisme nous a légué d'admirable et de vénérable : pureté, simplicité des lignes architecturales, vérité de l'expression, netteté de la déclamation, gravité, puissance, émotion, naîtra sûrement, la symphonie moderne fortifiant ainsi le théâtre ancien, le drame lyrique de demain. Ce retour au maître classique, retour qui ne laisse nullement pressentir l'abandon du maître romantique, ce mariage du présent et du passé ont une haute signification qui nous donne pleine confiance en l'avenir. Nous avons vu la musique française sortir du sol même du pays, s'élever peu à peu vers la lumière, prendre à la vie des êtres et des choses sa robustesse et son originalité. Si j'ai consacré la plus large part de ce rapport à nos ancêtres, c'est que, à mon sens, il y a autant de beauté en leurs leçons qu'en leurs productions ; c'est que, par leurs œuvres et par leurs actes, ils ont constamment défendu les idées de progrès, de raison, de liberté et de bravoure qui serviront éternellement à l'inévitable évolution des arts ; c'est qu'ils représentent à mes yeux aussi bien la tradition que l'innovation, car chacun d'eux a ajouté sa trouvaille à l'héritage de ses pères, héritage que nous, leurs fils, nous devons augmenter à notre tour. Or, nous possédons aujourd'hui, je suis fier de le dire, des compositeurs de théâtre, des symphonistes en nombre énorme et d'indiscutable valeur devant qui s'ouvre, mystérieux sans doute mais superbe, le xx⁰ siècle avec la vie de plus en plus intense qu'il va prendre à toute la vie déjà vécue. La vie, la nature, la vérité seront certainement leurs trois éducatrices, leurs trois conseillères. Comme nos grands musiciens de jadis, ils seront donc, je l'espère, les musiciens de la vie, de la vie de leur temps, de leur pays; les musiciens de la nature charmante, adorable et féconde; les musiciens de la vérité, tôt ou tard triomphante: comme les Adam de la Halle, les Clément Jannequin, les Rameau, les Gluck, les Méhul, les Berlioz et les autres, ils se mettront, je veux le croire, tout entiers en leurs chants et, comme leurs prédécesseurs, ils ne périront pas, ils entreront dans l'immortalité, puisque, de la sorte, ils laisseront à leurs successeurs le meilleur de leur âme, de leur esprit, d'eux-mêmes. Rien ne les empêche maintenant de s'affirmer, d'aller de l'avant, de marcher de conquête en conquête. Le terrain, un instant encombré, est déblayé, prêt à être ensemencé pour les récoltes prochaines. Qu'ils entrent vaillamment dans l'inconnu de ce xxᵉ siècle dont ils seront peut-être les héros et que, à l'exemple des vieux, travaillant en la dignité et l'espérance, ils s'inspirent de notre terre généreuse et fertile, de notre doux ciel affectueux, des bonheurs ou des tristesses de l'existence, bien aimée malgré tout. Ce m'est une joie profonde, je l'avoue, après avoir payé en ces pages le tribut de gratitude dû aux maîtres, de saluer ici la jeune génération de France que la gloire attend et de lui souhaiter bon départ, heureux labeur, noble victoire dans toujours plus d'indépendance, de courage, de foi, de tendresse, de clarté, d'humanité et de beauté!

Je vous prie d'agréer, Monsieur le Ministre, l'hommage de mes respectueux sentiments.

Alfred BRUNEAU.